# Tatlı Anların İncileri

# Kekler, Pastalar ve Daha Fazlası

## Elif Şenol

# içindekiler


Şeftalili Kek .................................................................... 12

Portakallı marsala keki ................................................... 13

Şeftali ve armutlu kek ..................................................... 14

Ananaslı kek .................................................................... 15

Ananaslı ve vişneli kek .................................................... 16

Noel ananaslı kek ............................................................ 17

baş aşağı ananaslar ......................................................... 18

Ananaslı Fındıklı Kek ....................................................... 19

Ahududulu kek ................................................................ 20

Yayla muzlu kek .............................................................. 21

Ballı ravent turtası .......................................................... 22

Pancar keki ..................................................................... 23

Havuçlu ve muzlu kek ..................................................... 24

Havuçlu ve elmalı kek ..................................................... 25

Havuçlu ve tarçınlı kek ................................................... 26

Havuçlu ve Kabaklı Kek ................................................... 27

Havuçlu Zencefilli Kek ..................................................... 28

Havuçlu kek ve sığır eti ................................................... 29

Havuç, portakal ve sığır eti keki ...................................... 30

Havuç, ananas ve hindistan cevizi keki ............................ 31

Havuçlu ve fıstıklı kek ..................................................... 32

Havuçlu ve cevizli kek ..................................................... 33

Baharatlı Havuçlu Kek ..................................................... 34

Esmer Şeker Havuçlu Kek ................................................ 36

Kabak ve özlü kek ................................................................ 37

Kabak ve portakallı kek ....................................................... 38

Balkabaklı Baharatlı Kek ...................................................... 39

Balkabaklı kek ..................................................................... 41

Korkunç kabak tatlısı ........................................................... 42

Baharatlı kabak rulo ............................................................ 43

Ravent ve ballı kek .............................................................. 45

Tatlı Patatesli Kek ............................................................... 46

İtalyan bademli kek ............................................................. 48

Bademli kek ve kahve .......................................................... 49

Bademli ve ballı kek ............................................................ 50

Bademli ve limonlu kek ....................................................... 51

Portakallı Bademli Kek ........................................................ 52

Zengin bademli kek ............................................................. 53

İsveç makarnalı kek ............................................................. 54

Hindistan Cevizli Ekmek ...................................................... 55

Hindistan cevizli kek ........................................................... 56

Altın hindistan cevizli kek .................................................... 57

Hindistancevizi kaplı kek ..................................................... 58

Hindistan cevizi ve limonlu kek ............................................ 59

Yılbaşı Hindistan Cevizli Kek ............................................... 60

Hindistan cevizli sultan keki ................................................ 61

Çıtır Etli Kek ....................................................................... 62

Karışık etli kek .................................................................... 63

Yunan sığır eti keki ............................................................. 64

Cevizli Dondurmalı Kek ....................................................... 65

Çikolata kremalı cevizli kek ................................................. 66

Ballı ve tarçınlı kek .................................................................. 67

Badem ve bal barları ............................................................... 68

Elma ve frenk üzümü parçalanır ............................................. 70

Kayısı ve yulaf barları ............................................................. 71

Kayısı kızartması .................................................................... 72

Ceviz Muz Barları ................................................................... 73

Amerikan kekleri ..................................................................... 74

Çikolatalı Fungi bravnileri ....................................................... 75

Cevizli ve çikolatalı brownie .................................................... 76

Tereyağı çubukları .................................................................. 77

Kiraz karamelli fırın tepsisi ..................................................... 78

Çikolata parçacıklı fırın tepsisi ............................................... 79

Tarçınlı ufalanmış katman ...................................................... 80

Lezzetli tarçın çubukları .......................................................... 81

Hindistan cevizi barları ........................................................... 82

Hindistan Cevizi Reçeli Sandviç Barlar .................................. 83

Hurma ve Elmalı Tepsi Bake ................................................... 84

Tarih dilimleri .......................................................................... 85

Büyükannenin alıntı çubukları ................................................. 86

Hurma çubukları ve yulaf ........................................................ 87

Tarih çubukları ve fındık .......................................................... 88

İncir çubukları ......................................................................... 89

Flapjack'ler ............................................................................. 90

Kiraz Flapjack'leri ................................................................... 91

Çikolatalı flapjackler ............................................................... 92

Meyveli turtalar ....................................................................... 93

Meyve ve fındıklı flapjackler .................................................... 94

Zencefilli Flapjack'ler ................................................................. 95

Cevizli flapjack ........................................................................... 96

Çıtır Limonlu Tereyağlı Kurabiye ............................................. 97

Süet ve Hindistan cevizi fayansları ......................................... 98

Merhaba Dolly Kurabiyeleri .................................................... 100

Hindistan cevizi ve çikolata barları ....................................... 101

Fındık kutuları ......................................................................... 102

Portakallı ceviz dilimleri ......................................................... 103

Park .......................................................................................... 104

Fıstık Ezmesi Barlar ................................................................ 105

Piknik tabakları ....................................................................... 106

Ananas ve Hindistan cevizi ikram edildi ............................... 107

Erikli mayalı kek ...................................................................... 108

Amerikan Balkabağı Barları .................................................... 110

Ayva ve badem barları ............................................................ 111

Kuru üzüm çubukları ............................................................... 113

Ahududulu yulaf ezmesi kareleri .......................................... 114

Tarçınlı beze ............................................................................ 115

Buzlanma Buzlanma ................................................................ 116

Buzlu kahve buzlanma ............................................................ 116

Limon sır .................................................................................. 117

Turuncu Sır .............................................................................. 117

Buzlu Rum Buzlanma .............................................................. 118

Dondurulmuş vanilyalı buzlanma .......................................... 118

Fırında çikolatalı buzlanma .................................................... 119

Çikolata ve Hindistan cevizi dolgusu ..................................... 119

Karamel tepesi ........................................................................ 121

Tatlı krem peynir dolgusu ...................................................................121

Amerikan Kadife Buzlanma ...............................................................122

tereyağlı krema ...................................................................................122

Karamel sır ...........................................................................................123

Limon sır ...............................................................................................123

Kahveli Tereyağlı Krema ...................................................................124

Leydi Baltimore Buzlanma ...............................................................125

beyaz sır ...............................................................................................126

Kremsi beyaz buzlanma .....................................................................126

kabarık beyaz buzlanma ....................................................................127

kahverengi şekerli buzlanma ...........................................................128

Vanilyalı Tereyağlı Krema .................................................................129

vanilyalı krema ....................................................................................130

muhallebi dolgusu ..............................................................................131

Danimarka kreması dolgusu .............................................................132

Zengin Danimarka muhallebi dolgusu ............................................133

muhallebi ..............................................................................................134

Zencefil kreması dolgusu ..................................................................135

Limon garnitürü ..................................................................................136

Çikolata sosu ........................................................................................137

meyveli kek kreması ..........................................................................138

Portakallı Meyveli Kek Sırları ..........................................................138

Badem kremalı kareler ......................................................................139

melek damlaları ..................................................................................140

Pul badem .............................................................................................141

Bakewell Tartletleri ...........................................................................142

Çikolatalı Kelebek Kurabiye .............................................................143

Hindistan cevizli Kurabiye ................................................................ 144

Tatlı kekler ..................................................................................... 145

kahve çekirdekleri .......................................................................... 146

Eccles Çerezleri .............................................................................. 147

Peri Kurabiyeleri ............................................................................ 148

Tüylerle süslenmiş peri kekleri ....................................................... 149

Ceneviz fantezileri .......................................................................... 150

Bademli makarna ........................................................................... 151

Hindistan Cevizli Acıbadem Kurabiyesi ........................................... 152

Limonlu kurabiye ............................................................................ 153

Yulaf ezmeli makarna ..................................................................... 154

Madeleine ...................................................................................... 155

Badem ezmesi krep ........................................................................ 156

çörek, kek ...................................................................................... 157

Elmalı kek ...................................................................................... 158

muzlu corekler ............................................................................... 159

Frenk Üzümlü Muffinler .................................................................. 160

Amerikan yaban mersinli kekleri ..................................................... 161

Kirazlı kekler .................................................................................. 162

çikolatalı kekler .............................................................................. 163

çikolatalı kekler .............................................................................. 164

tarçınlı çörek .................................................................................. 165

Mısır unu muffinleri ........................................................................ 166

Bütün incirli kekler ......................................................................... 167

Meyveli ve kepekli kekler ............................................................... 168

Yulaflı Kekler .................................................................................. 169

Yulaf ezmesi ve meyveli kekler ....................................................... 170

Portakallı kekler ...................................................................171

Şeftalili muffinler ...............................................................172

Fıstık Ezmeli Muffinler .......................................................173

Ananaslı Kekler ..................................................................174

Ahududulu Muffinler ..........................................................175

Ahududu Limonlu Muffin ....................................................176

Sultani Muffin ....................................................................177

Şuruplu kekler ...................................................................178

Yulaf Ezmeli Şuruplu Muffinler ...........................................179

Yulaf ezmeli tost ................................................................180

Çilek ve mantarlı omlet ......................................................181

Nane Kurabiyeleri ..............................................................182

Kuru üzümlü kurabiye .........................................................183

Üzüm çağırıyor ...................................................................184

Ahududu kekleri .................................................................185

Kahverengi pirinç ve ayçiçeği kurabiyeleri ............................186

Kaya kek ............................................................................187

Şekersiz Taş Kurabiye .........................................................188

Safranlı kurabiye ................................................................189

rom baba ...........................................................................190

Sünger top kurabiyeleri ......................................................192

Çikolatalı Şekerli Kurabiye ..................................................193

yaz kartopu ........................................................................194

Mantar damlaları ...............................................................195

Temel beze .........................................................................196

Badem kreması ...................................................................197

Beze ve bademli İspanyol kurabiyeleri .................................198

Tatlı beze sepetleri ............................................................ 199

Badem cipsi ..................................................................... 200

İspanyol bademli ve limonlu beze ........................................ 201

Çikolata kaplı beze ........................................................... 202

Çikolata ve nane kreması .................................................... 203

Çikolata parçacıkları ve cevizli krema ................................... 203

Fındık kreması ................................................................. 204

Cevizli Beze Katmanlı Kek ................................................. 205

Fındıklı makarna dilimleri .................................................. 207

Beze ve ceviz tabakası ...................................................... 208

beze dağları .................................................................... 209

Ahududu kremalı beze ...................................................... 210

Ratafia kurabiyeleri .......................................................... 211

Vacherin Karamel ............................................................ 212

Basit çörekler .................................................................. 213

Zengin yumurtalı çörekler .................................................. 214

elmalı çörekler ................................................................. 215

elma ve hindistan cevizi çörekler .......................................... 216

Elma ve hurma çörekler ..................................................... 217

Arpa çörekler ................................................................... 218

Hurmalı Çörekler .............................................................. 219

Bitki çörekleri .................................................................. 220

# *Şeftalili Kek*

9"/23 cm'lik bir pasta pişirin

100g/4oz/½ bardak tereyağı veya margarin, yumuşatılmış

225g/8oz/1 su bardağı pudra şekeri (süper ince).

3 yumurta, ayrılmış

450 g/1 lb/4 su bardağı sade un (çok amaçlı)

Bir tutam tuz

5ml/1 çay kaşığı karbonat (kabartma tozu)

120ml/½ su bardağı süt

2/3 bardak/8 oz/225 gr şeftali reçeli (konserve)

Tereyağı veya margarini şekerle karıştırın. Yumurta sarılarını azar azar ekleyip ardından un ve tuzu ekleyin. Kabartma tozunu sütle karıştırın, ardından kek karışımına ve ardından jöleye karıştırın. Pişmiş yumurta beyazlarını çırpın ve ardından karışıma katlayın. İki adet yağlanmış ve astarlı 9cm/23cm kalıba dökün ve önceden ısıtılmış 180°C/350°F/termostat 4 fırında iyice kabarıncaya ve dokunulduğunda yaylanıncaya kadar 25 dakika pişirin.

# *Portakallı marsala keki*

9"/23 cm'lik bir pasta pişirin

175 g/6 oz/1 bardak kuru üzüm (altın kuru üzüm)

120 ml / 4 fl oz / ½ bardak Marsala

6 oz/¾ bardak/175 g tereyağı veya margarin, yumuşatılmış

100g/4oz/½ bardak tatlı esmer şeker

225g/8oz/1 su bardağı pudra şekeri (süper ince).

3 yumurta, hafifçe çırpılmış

1 portakalın ince rendelenmiş kabuğu

5ml/1 çay kaşığı portakal çiçeği suyu

275 g/10 oz/2½ su bardağı sade un (çok amaçlı)

10 ml/2 çay kaşığı karbonat (kabartma tozu)

Bir tutam tuz

13 fl oz / 1½ bardak ayran

Portakal likörü sır

Kuru üzümleri gece boyunca Marsala'da ıslatın.

Tereyağı veya margarini ve şekeri hafif ve kabarık hale gelinceye kadar karıştırın. Yumurtaları azar azar ekleyip portakal kabuğu rendesini ve portakal suyunu ekleyin. Unu, karbonatı ve tuzu dönüşümlü olarak sütle karıştırın. Islak kuru üzümleri ve Marsala'yı karıştırın. İki adet yağlanmış ve astarlı 23cm/9" kek kalıbına dökün ve önceden ısıtılmış fırında 350°F/180°C/termostat 4'te dokunulabilecek kadar esnek olana ve kalıpların kenarları büzülmeye başlayana kadar 35 dakika pişirin. Serin bırakın. Soğutmayı bitirmek için tel ızgaraya çıkarmadan önce 10 dakika boyunca tavalarda bekletin.

Kurabiyelerin üzerine portakal likörlü kremanın yarısını sürün, ardından kalan kremayı üstüne yayın.

# Şeftali ve armutlu kek

9"/23 cm'lik bir pasta pişirin

6 oz/¾ bardak/175 g tereyağı veya margarin, yumuşatılmış

150g/5oz/2/3 bardak pudra şekeri (süper ince).

2 yumurta, hafifçe dövülmüş

75 g/3 oz/¾ bardak tam buğday (buğday) unu.

75 g/3 oz/¾ bardak sade un (çok amaçlı)

10 ml / 2 yemek kaşığı kabartma tozu

15 ml/1 yemek kaşığı süt

2 şeftali, soyulmuş (çekirdekleri çıkarılmış), soyulmuş ve doğranmış

2 armut, soyulmuş, çekirdeği çıkarılmış ve doğranmış

2 yemek kaşığı / 30 ml pudra şekeri (şekerleme), elenmiş

Tereyağı veya margarini ve şekeri hafif ve kabarık hale gelinceye kadar karıştırın. Yumurtaları azar azar ekleyin, ardından unu ve mayayı ekleyin, karışımın sıvı kıvamını alması için sütü ekleyin. Şeftali ve armutları ters çevirin. Karışımı yağlanmış ve astarlı 9cm/23cm'lik bir kalıba dökün ve önceden ısıtılmış fırında 190°C/375°F/termostat 5'te kabarıncaya ve dokunulduğunda esnekleşene kadar 1 saat pişirin. Soğutmayı bitirmek için bir tel ızgara üzerine çıkarmadan önce tavada 10 dakika soğumaya bırakın. Servis yapmadan önce üzerine pudra şekeri serpin.

# *Ananaslı kek*

20 cm'lik bir pasta yapın

100g/4oz/½ bardak tereyağı veya margarin

350g/12oz/2 bardak karışık kuruyemiş (meyveli kek karışımı)

225g/8oz/1 su bardağı tatlı esmer şeker

5 ml/1 çay kaşığı öğütülmüş baharat (elmalı turta)

5ml/1 çay kaşığı karbonat (kabartma tozu)

Büyük 15 oz/425 g konserve şekersiz ananas ezilmiş, suyu süzülmüş

225 g/8 oz/2 bardak kendiliğinden kabaran un (kendiliğinden kabaran)

2 yumurta, dövülmüş

Un ve yumurta dışındaki tüm malzemeleri bir tencereye koyun ve iyice karıştırarak, hafifçe ısıtın. 3 dakika boyunca sürekli kaynatın, ardından karışımın tamamen soğumasını bekleyin. Unu ekleyip yavaş yavaş yumurtaları ekleyin. Karışımı yağlanmış ve astarlı 20 cm'lik (8 cm) bir kalıba dökün ve önceden ısıtılmış fırında 180°C/350°F/termostat 4'te 1 saat 30-1 saat 30 kadar iyice kabarıncaya ve dokunulabilecek kadar sertleşene kadar pişirin. Tavada soğumaya bırakın.

# *Ananaslı ve vişneli kek*

20 cm'lik bir pasta yapın

100g/4oz/½ bardak tereyağı veya margarin, yumuşatılmış

100g/4oz/1 bardak pudra şekeri (süper ince).

2 yumurta, dövülmüş

225 g/8 oz/2 bardak kendiliğinden kabaran un (kendiliğinden kabaran)

2,5 ml/½ çay kaşığı kabartma tozu

2,5 ml/½ çay kaşığı öğütülmüş tarçın

175 g/6 oz/1 bardak kuru üzüm (altın kuru üzüm)

25 g/1 oz/2 yemek kaşığı kiraz şekerlemesi

400gr/14oz/1 büyük kutu ananas, suyu süzülmüş ve doğranmış

30ml/2 yemek kaşığı brendi veya rom

Üzerine serpmek için elenmiş pudra şekeri

Tereyağı veya margarini ve şekeri hafif ve kabarık hale gelinceye kadar karıştırın. Yumurtaları azar azar ekleyip ardından un, kabartma tozu ve tarçını ekleyin. Kalan malzemeleri yavaşça karıştırın. Karışımı yağlanmış ve astarlı 20 cm'lik (8 cm) bir kalıba dökün ve önceden ısıtılmış 160°C/325°F/termostat 3 fırında 1½ saat ortasına batırdığınız kürdan temiz çıkana kadar pişirin. Soğumaya bırakın ve üzerine pudra şekeri serperek servis yapın.

# *Noel ananaslı kek*

9"/23 cm'lik bir pasta pişirin

2 oz/¼ bardak/50 gr tereyağı veya margarin

100g/4oz/½ bardak pudra şekeri (süper ince).

1 yumurta, hafifçe çırpılmış

150g/5oz/1¼ bardak kendiliğinden kabaran un (kendiliğinden kabaran)

Bir tutam tuz

120ml/½ su bardağı süt

## Süslemek için:

100g/4oz taze veya konserve ananas, iri rendelenmiş

1 sofra (tatlı) elma, soyulmuş, çekirdeği çıkarılmış ve iri rendelenmiş

120 ml/4 oz/½ bardak portakal suyu

15 ml / 1 yemek kaşığı limon suyu

100g/4oz/½ bardak pudra şekeri (süper ince).

5 ml/1 çay kaşığı öğütülmüş tarçın

Tereyağını veya margarini eritin, ardından şekeri ve yumurtayı kabarıncaya kadar karıştırın. Bir macun elde etmek için un ve tuzu sütle dönüşümlü olarak ekleyin. Yağlanmış ve astarlanmış 9cm/23cm'lik bir kalıba dökün ve önceden ısıtılmış 180°C/350°F/termostat 4 fırında altın rengi ve esnek oluncaya kadar 25 dakika pişirin.

İç harcı için tüm malzemeleri kaynatıp 10 dakika kadar pişirin. Sıcak kekin üzerine dökün ve ananas kahverengileşene kadar pişirin. Sıcak veya soğuk servis etmeden önce soğumasını bekleyin.

# *baş aşağı ananaslar*

20 cm'lik bir pasta yapın

6 oz/¾ bardak/175 g tereyağı veya margarin, yumuşatılmış

175g/6oz/¾ bardak tatlı esmer şeker

400g/14oz/1 büyük kutu ananas dilimleri, suyu süzülmüş ve suyu ayrılmış

4 sırlı (şekerlenmiş) kiraz, ikiye bölünmüş

2 yumurta

100g/4oz/1 bardak kendi kendine kabaran un

3 oz/75 g/1/3 fincan tereyağı veya margarini 3 oz/75 g/1/3 fincan şekerle hafif ve kabarık olana kadar kremalayın ve yağlanmış 8 cm/20 cm'lik kelepçeli tavanın tabanına yayın. Ananas dilimlerini üstüne yerleştirin ve üzerine yuvarlatılmış kiraz serpin. Kalan tereyağı veya margarini ve şekeri karıştırın, ardından yavaş yavaş yumurtaları ekleyin. Unu ve 2 yemek kaşığı/30 mL ayrılmış ananas suyunu ilave edin. Ananasın üzerine dökün ve önceden ısıtılmış 180°C/350°F/termostat 4 fırında dokunulabilecek kadar sertleşinceye kadar 45 dakika pişirin. Tavada 5 dakika soğumaya bırakın, ardından dikkatlice çıkarın ve soğuması için tel ızgaraya çevirin.

# Ananaslı Fındıklı Kek

9"/23 cm'lik bir pasta pişirin

8 oz / 1 su bardağı tereyağı veya margarin, yumuşatılmış

225g/8oz/1 su bardağı pudra şekeri (süper ince).

5 yumurta

350g/12oz/3 su bardağı sade un (çok amaçlı)

100g/4oz/1 su bardağı ceviz, iri kıyılmış

2/3 bardak / 100 gr dondurulmuş (şekerlenmiş) ananas, doğranmış

Biraz süt

Tereyağı veya margarini ve şekeri hafif ve kabarık hale gelinceye kadar karıştırın. Yumurtaları yavaş yavaş ekleyin, ardından un, fındık ve ananası karıştırın, sıvı bir kıvam elde edene kadar yeterli süt ekleyin. Yağlanmış ve astarlı 23 cm'lik (9 cm) kalıba dökün ve önceden ısıtılmış 150°C/300°F/termostat 2 fırında, ortasına batırdığınız kürdan temiz çıkana kadar 1½ saat pişirin.

# *Ahududulu kek*

20 cm'lik bir pasta yapın

100g/4oz/½ bardak tereyağı veya margarin, yumuşatılmış

200g/7oz/lite 1 bardak pudra şekeri (süper ince).

2 yumurta, hafifçe dövülmüş

250 ml/8 fl oz/1 dl ekşi krema (laktik asit)

5 ml/1 çay kaşığı vanilya özü (ekstresi)

2¼ bardak/9 oz/250 gr sade un (çok amaçlı)

5 ml/1 yemek kaşığı kabartma tozu

5ml/1 çay kaşığı karbonat (kabartma tozu)

5 ml/1 yemek kaşığı kakao tozu (şekersiz çikolata).

2,5 ml/½ çay kaşığı tuz

100 gr taze veya çözülmüş dondurulmuş ahududu

Süslemek için:

30 ml/2 yemek kaşığı pudra şekeri (süper ince).

5 ml/1 çay kaşığı öğütülmüş tarçın

Tereyağı veya margarini şekerle karıştırın. Yavaş yavaş
yumurtaları, ardından süt kremasını ve vanilya özünü karıştırın.
Un, kabartma tozu, sodyum bikarbonat, kakao ve tuzu karıştırın.
Ahududuları çevirin. Yağlanmış 8/20 cm'lik kalıba dökün. Şekeri
ve tarçını karıştırıp kekin üzerine serpin. Önceden ısıtılmış fırında
200°C/400°F/termostat 4'te 35 dakika, altın rengi oluncaya ve
ortasına batırdığınız bıçak temiz çıkana kadar pişirin. Tarçınla
karıştırılmış şekeri serpin.

# *Yayla muzlu kek*

20 cm'lik bir pasta yapın

225 g/8 oz/2 su bardağı tam buğday unu (tam buğday).

10 ml / 2 yemek kaşığı kabartma tozu

10 ml/2 çay kaşığı öğütülmüş tarçın

45ml/3 yemek kaşığı berrak bal

175 g/6 oz/1 bardak kuru üzüm (altın kuru üzüm)

2 yumurta

150 ml/¼ pt/2/3 su bardağı süt

8 oz/225 gr ravent, doğranmış

30ml/2 yemek kaşığı demerara şekeri

Ravent ve şeker dışındaki tüm malzemeleri birleştirin. Raventi ekleyin ve tereyağı ile yağlanmış ve unlanmış 20 cm'lik bir kalıba (şekil) dökün. Şeker serpin. Önceden ısıtılmış fırında 180°C/350°F/termostat 4'te sertleşene kadar 45 dakika pişirin. Kalıptan çıkarmadan önce 10 dakika boyunca tavada soğumaya bırakın.

# *Ballı ravent turtası*

İki adet 1 lb/450 g kek yapar

250g/9oz/2/3 bardak berrak bal

120 ml/4 oz/½ bardak yağ

1 yumurta, hafifçe çırpılmış

15ml/1 yemek kaşığı karbonat (kabartma tozu)

¼ pt/2/3 bardak/150 ml sade yoğurt

75ml/5 yemek kaşığı su

350g/12oz/3 su bardağı sade un (çok amaçlı)

10ml/2 yemek kaşığı tuz

350g/12oz ravent, ince doğranmış

5 ml/1 çay kaşığı vanilya özü (ekstresi)

50 g/2 oz/½ bardak kıyılmış karışık fındık

Süslemek için:

75 g/3 oz/1/3 su bardağı tatlı esmer şeker

5 ml/1 çay kaşığı öğütülmüş tarçın

15 ml/1 yemek kaşığı eritilmiş tereyağı veya margarin

Bal ve yağı karıştırın, ardından yumurtayı karıştırın. Kabartma tozunu yoğurt ve suyla çözünene kadar karıştırın. Unu ve tuzu karıştırıp yoğurtla dönüşümlü olarak ballı karışıma ekleyin. Ravent, vanilya özü ve cevizi ekleyin. Yağlanmış ve astarlanmış 450 gramlık iki kalıba dökün. Üst malzemelerini karıştırıp keklerin üzerine serpin. Önceden ısıtılmış fırında 160°C/325°F/termostat 3'te 1 saat, dokunulabilecek kadar sertleşene ve üstü altın rengi kahverengi olana kadar pişirin. Tavaların içinde 10 dakika soğumaya bırakın, ardından soğumayı tamamlamak için tel ızgara üzerine çıkarın.

# *Pancar keki*

20 cm'lik bir pasta yapın

250g/9oz/1¼ bardak sade un (çok amaçlı)

15 ml / 1 yemek kaşığı kabartma tozu

5 ml/1 çay kaşığı öğütülmüş tarçın

Bir tutam tuz

150 ml/8 oz/1 bardak yağ

300g/11oz/11/3 su bardağı pudra şekeri (süper ince).

3 yumurta, ayrılmış

150 gr çiğ pancar, soyulmuş ve iri rendelenmiş

150g/5oz iri rendelenmiş havuç

100g/4oz/1 bardak kıyılmış karışık fındık

Unu, kabartma tozunu, tarçını ve tuzu karıştırın. Yağ ve şekeri karıştırın. Yumurta sarısını, pancarı, havuçları ve cevizi çırpın. Yumurta aklarını sertleşinceye kadar çırpın, ardından metal bir kaşıkla karışıma katlayın. Karışımı yağlanmış ve astarlı 20cm/8 kalıba dökün ve önceden ısıtılmış 180°C/350°F/termostat 4 fırında 1 saat boyunca yaylanıncaya kadar pişirin.

# *Havuçlu ve muzlu kek*

20 cm'lik bir pasta yapın

6 oz/175 gr havuç, rendelenmiş

2 muz, püresi

75 g/3 oz/½ bardak kuru üzüm (altın kuru üzüm)

50 g/2 oz/½ bardak kıyılmış karışık fındık

175 g/6 oz/1½ bardak kendiliğinden kabaran un (kendiliğinden kabaran)

5 ml/1 yemek kaşığı kabartma tozu

5 ml/1 çay kaşığı öğütülmüş baharat (elmalı turta)

1 portakalın suyu ve rendelenmiş kabuğu

2 yumurta, dövülmüş

75g/3oz/1/2 bardak hafif pudra şekeri

100 ml/31/2 fl oz/lite 1/2 bardak ayçiçek yağı

Tüm malzemeleri iyice karışana kadar karıştırın. Yağlanmış ve astarlı 8/20 cm'lik bir kalıba dökün ve önceden ısıtılmış 180°C/350°F/termostat 4 fırında, ortasına batırdığınız kürdan temiz çıkana kadar 1 saat pişirin.

# *Havuçlu ve elmalı kek*

9"/23 cm'lik bir pasta pişirin

250g/9oz/2¼ bardak kendiliğinden kabaran un (kendiliğinden kabaran)

5ml/1 çay kaşığı karbonat (kabartma tozu)

5 ml/1 çay kaşığı öğütülmüş tarçın

175g/6oz/¾ bardak tatlı esmer şeker

1 portakalın ince rendelenmiş kabuğu

3 yumurta

200 ml/7 fl oz/lite 1 su bardağı sıvı yağ

5 oz/150 g sofralık (tatlı) elma, soyulmuş, çekirdekleri çıkarılmış ve rendelenmiş

5 oz/150 gr havuç, rendelenmiş

2/3 bardak/100g yemeye hazır kuru kayısı, doğranmış

100g/4oz/1 su bardağı kıyılmış ceviz veya ceviz

Un, kabartma tozu ve tarçını karıştırın, ardından şekeri ve portakal kabuğu rendesini ekleyip karıştırın. Yumurtaları yağın içinde çırpın, ardından elmayı, havuçları ve kayısı ile cevizin üçte ikisini karıştırın. Unlu karışımı ekleyip yağlanmış ve unlanmış 23 cm'lik kalıba dökün. Kalan doğranmış kayısı ve cevizi üzerine serpin. Önceden ısıtılmış fırında 180°C/350°F/termostat 4'te 30 dakika, yumuşayana kadar pişirin. Tavada hafifçe soğumaya bırakın, ardından soğumayı tamamlamak için tel ızgaraya çevirin.

# *Havuçlu ve tarçınlı kek*

20 cm'lik bir pasta yapın

100 g/4 oz/1 bardak kepekli (buğday) unu.

100g/4oz/1 su bardağı sade un (çok amaçlı)

15 ml/1 yemek kaşığı öğütülmüş tarçın

5 ml/1 yemek kaşığı rendelenmiş hindistan cevizi

10 ml / 2 yemek kaşığı kabartma tozu

100g/4oz/½ bardak tereyağı veya margarin

100 g/4 oz/1/3 bardak berrak bal

100g/4oz/½ bardak tatlı esmer şeker

8 oz/225 gr havuç, rendelenmiş

Un, tarçın, hindistan cevizi ve kabartma tozunu bir kapta birleştirin. Tereyağı veya margarini bal ve şekerle eritin ve ardından unla karıştırın. Havuçları ekleyin ve iyice karıştırın. Yağlanmış ve astarlı 8/20 cm'lik bir kalıba dökün ve önceden ısıtılmış 160°C/325°F/termostat 3 fırında, ortasına batırdığınız kürdan temiz çıkana kadar 1 saat pişirin. Tavada 10 dakika soğumaya bırakın, ardından soğumayı tamamlamak için bir tel ızgaraya çevirin.

# *Havuçlu ve Kabaklı Kek*

9"/23 cm'lik bir pasta pişirin

2 yumurta

175g/6oz/¾ bardak tatlı esmer şeker

100g/4oz havuç, rendelenmiş

2 oz/50 gr rendelenmiş kabak

75ml/5 yemek kaşığı yağ

225 g/8 oz/2 bardak kendiliğinden kabaran un (kendiliğinden kabaran)

2,5 ml/½ çay kaşığı kabartma tozu

5 ml/1 çay kaşığı öğütülmüş baharat (elmalı turta)

Krem peynirli buzlanma

Yumurta, şeker, havuç, kabak ve yağı karıştırın. Unu, kabartma tozunu ve baharat karışımını ekleyip homojen bir macun elde edene kadar karıştırın. Yağlanmış ve astarlı 9cm/23cm'lik bir kalıba dökün ve önceden ısıtılmış 180°C/350°F/termostat 4 fırında 30 dakika ortasına batırdığınız kürdan temiz çıkana kadar pişirin. Soğumaya bırakın ve ardından krem peynirli krema ile doldurun.

# *Havuçlu Zencefilli Kek*

20 cm'lik bir pasta yapın

2/3 bardak/6 oz/175 gr tereyağı veya margarin

100 g/4 oz/1/3 bardak altın şurubu (hafif mısır)

120 ml/4 oz/½ bardak su

100g/4oz/½ bardak tatlı esmer şeker

150g/5oz iri rendelenmiş havuç

5ml/1 çay kaşığı karbonat (kabartma tozu)

200g/7oz/1¾ bardak sade un (çok amaçlı)

100g/4oz/1 bardak kendi kendine kabaran un

5 ml/1 çay kaşığı öğütülmüş zencefil

Bir tutam tuz

Buzlanma için:

175g/6oz/1 su bardağı toz şeker (şekerleme), elenmiş

5 ml/1 çay kaşığı tereyağı veya margarin, yumuşatılmış

30ml/2 yemek kaşığı limon suyu

Tereyağı veya margarini şurup, su ve şekerle eritin ve kaynatın. Ateşten alıp havuçları ve sodyum bikarbonatı karıştırın. Soğumaya bırakın. Unu, zencefili ve tuzu karıştırın, yağlanmış 20cm/8cm'lik bir kek kalıbına (kalıp) dökün ve önceden ısıtılmış 180°C/350°F/termostat 4 fırında kabarıp yumuşayana kadar 45 dakika pişirin. oynamak. Kalıptan çıkarın ve soğumaya bırakın.

Sürülebilir bir sır elde etmek için pudra şekerini tereyağı veya margarin ve yeterli limon suyuyla karıştırın. Pastayı yatay olarak ikiye bölün, ardından kremanın yarısını pastayı katlamak için kullanın ve geri kalanını üstüne yayın veya yayın.

# *Havuçlu kek ve sığır eti*

7"/18 cm'lik bir pasta pişirin

2 büyük yumurta, ayrılmış

150g/5oz/2/3 bardak pudra şekeri (süper ince).

8 oz/225 gr havuç, rendelenmiş

5 oz/1¼ bardak kıyılmış karışık fındık

10 ml/2 çay kaşığı rendelenmiş limon kabuğu rendesi

50 g/2 oz/½ bardak sade un (çok amaçlı)

2,5 ml/½ çay kaşığı kabartma tozu

Yumurta sarılarını ve şekeri koyu ve krema kıvamına gelinceye kadar çırpın. Havuç, ceviz ve limon kabuğu rendesini karıştırın, ardından un ve kabartma tozunu karıştırın. Yumurta aklarını yumuşak tepecikler oluşana kadar çırpın, ardından karışıma katlayın. Yağlanmış 19 cm'lik kare kalıba dökün. Önceden ısıtılmış 180°C/350°F/termostat 4 fırında 40-45 dakika, ortasına batırdığınız bıçak temiz çıkana kadar pişirin.

# Havuç, portakal ve sığır eti keki

20 cm'lik bir pasta yapın

100g/4oz/½ bardak tereyağı veya margarin, yumuşatılmış

100g/4oz/½ bardak tatlı esmer şeker

5 ml/1 çay kaşığı öğütülmüş tarçın

5 ml/1 yemek kaşığı rendelenmiş portakal kabuğu rendesi

2 yumurta, hafifçe dövülmüş

15ml/1 yemek kaşığı portakal suyu

100 gr havuç, ince rendelenmiş

50 g/2 oz/½ bardak kıyılmış karışık fındık

225 g/8 oz/2 bardak kendiliğinden kabaran un (kendiliğinden kabaran)

5 ml/1 yemek kaşığı kabartma tozu

Tereyağı veya margarini, şekeri, tarçını ve portakal kabuğu rendesini hafif ve kabarık olana kadar karıştırın. Yavaş yavaş yumurta ve portakal suyunu ekleyip karıştırın, ardından havuç, ceviz, un ve kabartma tozunu ekleyerek karıştırın. Yağlanmış ve astarlı 8/20 cm'lik kek kalıbına dökün ve önceden ısıtılmış 180°C/350°F/termostat 4 fırında 45 dakika, üzeri kızarana kadar pişirin.

# *Havuç, ananas ve hindistan cevizi keki*

10 inç/25 cm'lik bir kek kalıbı pişirin

3 yumurta

350g/12oz/1½ bardak pudra şekeri (süper ince).

300 ml/½ pt/1¼ bardak yağ

5 ml/1 çay kaşığı vanilya özü (ekstresi)

225 g/8 oz/2 su bardağı sade un (çok amaçlı)

5ml/1 çay kaşığı karbonat (kabartma tozu)

10 ml/2 çay kaşığı öğütülmüş tarçın

5 ml/1 yemek kaşığı tuz

8 oz/225 gr havuç, rendelenmiş

100g/4oz konserve ananas, suyu süzülmüş ve ezilmiş

100g/4oz/1 su bardağı kurutulmuş hindistan cevizi (rendelenmiş)

100g/4oz/1 bardak kıyılmış karışık fındık

Üzerine serpmek için elenmiş pudra şekeri

Yumurtaları, şekeri, yağı ve vanilya özünü çırpın. Un, karbonat, tarçın ve tuzu karıştırıp yavaş yavaş karışıma ekleyin. Havuç, ananas, hindistan cevizi ve fındıkları karıştırın. Tereyağlanmış 25 cm'lik (10 cm) bir kalıba dökün ve önceden ısıtılmış fırında 160°C/325°F/termostat 3'te 1 saat 15, ortasına batırdığınız kürdan temiz çıkana kadar pişirin. Soğutmayı tamamlamak için bir tel ızgara üzerine çıkarmadan önce tavada 10 dakika soğumaya bırakın. Servis yapmadan önce üzerine pudra şekeri serpin.

# *Havuçlu ve fıstıklı kek*

9"/23 cm'lik bir pasta pişirin

100g/4oz/½ bardak tereyağı veya margarin, yumuşatılmış

100g/4oz/½ bardak pudra şekeri (süper ince).

2 yumurta

225 g/8 oz/2 su bardağı sade un (çok amaçlı)

5ml/1 çay kaşığı karbonat (kabartma tozu)

5 ml/1 çay kaşığı öğütülmüş kakule

8 oz/225 gr havuç, rendelenmiş

2 oz/½ bardak/50 gr doğranmış antep fıstığı

50 g/2 oz/½ bardak öğütülmüş badem

100 g/4 oz/2/3 bardak kuru üzüm (altın kuru üzüm)

Tereyağı veya margarini ve şekeri hafif ve kabarık hale gelinceye kadar karıştırın. Yumurtaları yavaş yavaş ekleyin, her eklemeden sonra iyice çırpın, ardından un, kabartma tozu ve kakuleyi ekleyin. Havuç, ceviz, öğütülmüş badem ve kuru üzümleri karıştırın. Karışımı yağlanmış ve astarlı 9 cm/23 cm'lik kelepçeli bir tavaya dökün ve önceden ısıtılmış fırında 350°F/180°C/termostat 4'te 40 dakika, altın rengi kahverengi ve yumuşak oluncaya kadar pişirin.

# Havuçlu ve cevizli kek

9"/23 cm'lik bir pasta pişirin

200 ml/7 fl oz/lite 1 su bardağı sıvı yağ

4 yumurta

225 g/8 oz/2/3 bardak arıtılmış bal

225 g/8 oz/2 su bardağı tam buğday unu (tam buğday).

10 ml / 2 yemek kaşığı kabartma tozu

2,5 ml/½ çay kaşığı kabartma tozu (kabartma tozu)

Bir tutam tuz

5 ml/1 çay kaşığı vanilya özü (ekstresi)

6 oz/175 gr havuç, iri rendelenmiş

175 g/6 oz/1 bardak kuru üzüm

100 gr/4 oz/1 su bardağı ceviz, ince kıyılmış

Yağ, yumurta ve balı karıştırın. Kalan tüm malzemeleri yavaş yavaş ekleyin ve iyice birleşene kadar çırpın. Tereyağlanmış ve unlanmış 23 cm'lik bir kalıba dökün ve önceden ısıtılmış fırında 180°C/350°F/termostat 4'te ortasına batırdığınız kürdan temiz çıkana kadar 1 saat pişirin.

# *Baharatlı Havuçlu Kek*

7"/18 cm'lik bir pasta pişirin

175 g/6 oz/1 bardak hurma

120 ml/4 oz/½ bardak su

6 oz/¾ bardak/175 g tereyağı veya margarin, yumuşatılmış

2 yumurta, hafifçe dövülmüş

225 g/8 oz/2 bardak kendiliğinden kabaran un (kendiliğinden kabaran)

6 oz/175 gr havuç, ince rendelenmiş

25 g/1 oz/¼ bardak öğütülmüş badem

1 portakalın rendelenmiş kabuğu

2,5ml/½ çay kaşığı. öğütülmüş baharat (elmalı turta)

2,5 ml/½ çay kaşığı öğütülmüş tarçın

2,5ml/½ çay kaşığı öğütülmüş zencefil

Buzlanma için:

350g/12oz/1½ bardak süzme peynir

25g/1oz/2 yemek kaşığı tereyağı veya margarin, yumuşatılmış

1 portakalın rendelenmiş kabuğu

Hurmaları ve suyu küçük bir tencereye koyun, kaynatın ve yumuşayana kadar 10 dakika pişirin. Çekirdeklerini (çukurlarını) çıkarıp atın, ardından hurmaları ince ince doğrayın. Hurmaları, sıvı yağı, tereyağı veya margarini ve yumurtaları krema kıvamına gelinceye kadar karıştırın. Geriye kalan tüm kek malzemelerini karıştırın. Karışımı yağlanmış ve astarlı 7 cm/18 cm'lik kek kalıbına dökün ve önceden ısıtılmış 180°C/350°F/termostat 4 fırında 1 saat ortasına batırdığınız kürdan temiz çıkana kadar pişirin. Soğutmayı bitirmek için bir tel ızgara üzerine çıkarmadan önce tavada 10 dakika soğumaya bırakın.

Kremayı hazırlamak için tüm malzemeleri sürülebilir bir kıvam elde edinceye kadar karıştırın, gerekirse biraz daha portakal suyu veya su ekleyin. Pastayı yatay olarak ikiye bölün, dondurmanın yarısını katmanlara ekleyin ve geri kalanını üstüne yayın.

# *Esmer Şeker Havuçlu Kek*

7"/18 cm'lik bir pasta pişirin

5 yumurta, ayrılmış

200g/7oz/lite 1 su bardağı tatlı esmer şeker

15 ml / 1 yemek kaşığı limon suyu

10 oz/300 gr rendelenmiş havuç

225g/8oz/2 su bardağı öğütülmüş badem

25 g/1 oz/¼ bardak tam buğday (buğday) unu.

5 ml/1 çay kaşığı öğütülmüş tarçın

25 g/1 oz/2 yemek kaşığı tereyağı veya margarin, eritilmiş

25g/1oz/2 yemek kaşığı pudra şekeri (süper ince).

30ml/2 yemek kaşığı krema (hafif)

75 g/3 oz/¾ bardak kıyılmış karışık kuruyemiş

Yumurta sarılarını köpürene kadar çırpın, şekeri pürüzsüz hale gelinceye kadar karıştırın, ardından limon suyunu ekleyin. Havuçların üçte birini, ardından bademlerin üçte birini karıştırın ve her şey birleşene kadar bunu yapmaya devam edin. Unu ve tarçını karıştırın. Yumurta aklarını sertleşinceye kadar çırpın, ardından metal bir kaşıkla karışıma katlayın. Yağlanmış ve astarlanmış 18 cm'lik bir kalıba dökün ve önceden ısıtılmış 180°C/350°F/termostat 4 fırında 1 saat pişirin. Pastayı parşömen kağıdıyla (mumlu) örtün ve fırın sıcaklığını 15 dakika daha 160°C/325°F/termostat 3'e düşürün ve kek tavanın kenarlarından hafifçe çekilip ortası hâlâ nemli olana kadar pişirin.

Eritilmiş tereyağı veya margarini, şekeri, kremayı ve fındıkları birleştirin, kekin üzerine dökün ve orta ateşte kızarana kadar pişirin.

# Kabak ve özlü kek

20 cm'lik bir pasta yapın

225g/8oz/1 su bardağı pudra şekeri (süper ince).

2 yumurta, dövülmüş

120 ml/4 oz/½ bardak yağ

100g/4oz/1 su bardağı sade un (çok amaçlı)

5 ml/1 yemek kaşığı kabartma tozu

2,5 ml/½ çay kaşığı kabartma tozu (kabartma tozu)

2,5 ml/½ çay kaşığı tuz

100g/4oz kabak, rendelenmiş

100g/4oz ezilmiş ananas

50 g/2 oz/½ bardak ceviz, doğranmış

5 ml/1 çay kaşığı vanilya özü (ekstresi)

Şekeri ve yumurtaları rengi açılana ve iyice karışana kadar karıştırın. Yağı ve ardından kuru malzemeleri ekleyin. Kabak, ananas, ceviz ve vanilya özünü ekleyin. Tereyağlanmış ve unlanmış 20 cm'lik bir kalıba dökün ve önceden ısıtılmış 180°C/350°F/termostat 4 fırında ortasına batırdığınız kürdan temiz çıkana kadar 1 saat pişirin. Soğutmayı bitirmek için bir tel ızgara üzerine çıkarmadan önce tavada 30 dakika soğumaya bırakın.

# *Kabak ve portakallı kek*

10 inç/25 cm'lik bir kek kalıbı pişirin

8 oz / 1 su bardağı tereyağı veya margarin, yumuşatılmış

450 g/1 lb/2 su bardağı tatlı esmer şeker

4 yumurta, hafifçe çırpılmış

275 g/10 oz/2½ su bardağı sade un (çok amaçlı)

15 ml / 1 yemek kaşığı kabartma tozu

2,5 ml/½ çay kaşığı tuz

5 ml/1 çay kaşığı öğütülmüş tarçın

2,5ml/½ çay kaşığı rendelenmiş hindistan cevizi

Bir tutam öğütülmüş karanfil

1 portakalın kabuğu rendesi ve suyu

225 gr/8 oz/2 su bardağı rendelenmiş kabak

Tereyağı veya margarini ve şekeri hafif ve kabarık hale gelinceye kadar karıştırın. Yumurtaları azar azar ekleyin ve ardından un, kabartma tozu, tuz ve baharatları, portakal kabuğu rendesi ve suyuyla dönüşümlü olarak ekleyin. Kabağı karıştırın. Yağlanmış ve astarlanmış 10/25 cm'lik bir kalıba dökün ve önceden ısıtılmış fırında 180°C/350°F/termostat 4'te 1 saat boyunca altın sarısı ve yumuşak oluncaya kadar pişirin. Pişirmenin sonuna doğru üst kısmı kahverengileşmeye başlarsa, parşömen (mumlu) kağıtla örtün.

# *Balkabaklı Baharatlı Kek*

10 inç/25 cm'lik bir kek kalıbı pişirin

350g/12oz/3 su bardağı sade un (çok amaçlı)

10 ml / 2 yemek kaşığı kabartma tozu

7,5ml/1½ çay kaşığı öğütülmüş tarçın

5ml/1 çay kaşığı karbonat (kabartma tozu)

2,5 ml/½ çay kaşığı tuz

8 yumurta akı

450 g/1 lb/2 su bardağı pudra şekeri (süper ince).

100 g/4 oz/1 bardak elma püresi (sos)

120 ml/4 oz/½ bardak ayran

15ml/1 yemek kaşığı vanilya özü (özü)

5ml/1 çay kaşığı ince rendelenmiş portakal kabuğu rendesi

350g/12oz/3 bardak Kabak (Kabak), rendelenmiş

75 g/3 oz/¾ bardak kıyılmış ceviz

Süslemek için:

100g/4oz/½ bardak krem peynir

25g/1oz/2 yemek kaşığı tereyağı veya margarin, yumuşatılmış

5ml/1 çay kaşığı ince rendelenmiş portakal kabuğu rendesi

10ml/2 çay kaşığı portakal suyu

2 bardak/12 oz/350 gr toz (şekerleme) şekeri, elenmiş

Kuru malzemeleri karıştırın. Yumurta aklarını yumuşak zirveler oluşana kadar çırpın. Yavaş yavaş şekeri, ardından elma püresini, tereyağını, vanilya özünü ve portakal kabuğu rendesini ekleyin. Un karışımını, ardından kabak ve cevizi ekleyip karıştırın. Yağlanmış ve unlanmış 10cm/25cm'lik bir kalıba dökün ve önceden ısıtılmış 150°C/300°F/termostat 2 fırında ortasına batırdığınız kürdan temiz çıkana kadar 1 saat pişirin. Tavada soğumaya bırakın.

Tüm dolgu malzemelerini pürüzsüz hale gelinceye kadar karıştırın, sürülebilir bir kıvam elde etmek için yeterli miktarda şeker ekleyin. Soğuyan kekin üzerine yayın.

# *Balkabaklı kek*

9 x 13 inç/23 x 33 cm boyutunda bir pasta pişirin

450 g/1 lb/2 su bardağı pudra şekeri (süper ince).

4 yumurta, dövülmüş

375 ml/13 oz/1½ bardak yağ

350g/12oz/3 su bardağı sade un (çok amaçlı)

15 ml / 1 yemek kaşığı kabartma tozu

10 ml/2 çay kaşığı karbonat (kabartma tozu)

10 ml/2 çay kaşığı öğütülmüş tarçın

2,5ml/½ çay kaşığı öğütülmüş zencefil

Bir tutam tuz

225g/8oz doğranmış pişmiş kabak

100g/4oz/1 su bardağı kıyılmış ceviz

Şekeri ve yumurtaları iyice birleşene kadar karıştırın, ardından yağı ekleyin. Kalan malzemeleri karıştırın. Yağlanmış ve unlanmış 23 x 33 cm'lik bir pişirme kabına dökün ve önceden ısıtılmış 180°C/termostat 4 fırında, ortasına batırdığınız kürdan temiz çıkana kadar 1 saat pişirin.

# *Korkunç kabak tatlısı*

20 cm'lik bir pasta yapın

100g/4oz/½ bardak tereyağı veya margarin, yumuşatılmış

150g/5oz/2/3 su bardağı tatlı esmer şeker

2 yumurta, hafifçe dövülmüş

8 oz / 225 gr soğuk pişmiş kabak

30ml/2 yemek kaşığı altın şurubu (hafif mısır)

8 oz/225 g 1/1/3 bardak karışık kuruyemiş (meyveli kek karışımı)

225 g/8 oz/2 bardak kendiliğinden kabaran un (kendiliğinden kabaran)

50 g/2 oz/½ bardak kepek

Tereyağı veya margarini ve şekeri hafif ve kabarık hale gelinceye kadar karıştırın. Yumurtaları azar azar ekleyip ardından diğer malzemeleri ekleyin. Yağlanmış ve astarlı 8/20 cm'lik bir kalıba dökün ve önceden ısıtılmış 160°C/325°F/termostat 3 fırında 1 saat 15 dakika ortasına batırdığınız kürdan temiz çıkana kadar pişirin.

# *Baharatlı kabak rulo*

30 cm/12 inçlik bir rulo yapın

75 g/3 oz/¾ bardak sade un (çok amaçlı)

5ml/1 çay kaşığı karbonat (kabartma tozu)

5 ml/1 çay kaşığı öğütülmüş zencefil

2,5ml/½ çay kaşığı rendelenmiş hindistan cevizi

10 ml/2 çay kaşığı öğütülmüş tarçın

Bir tutam tuz

1 yumurta

225g/8oz/1 su bardağı pudra şekeri (süper ince).

100g/4oz pişmiş balkabağı, doğranmış

5 ml/1 çay kaşığı limon suyu

4 yumurta akı

50 g/2 oz/½ bardak ceviz, doğranmış

1/3 bardak/2 oz/50 gr pudra şekeri (şekerleme), elenmiş

Dolgu için:

175g/6oz/1 su bardağı toz şeker (şekerleme), elenmiş

100g/4oz/½ bardak krem peynir

2,5 ml/½ çay kaşığı vanilya özü (ekstresi)

Unu, kabartma tozunu, baharatları ve tuzu karıştırın. Yumurtayı koyulaşana ve rengi açılana kadar çırpın, ardından karışım soluk ve kremsi olana kadar şekeri ekleyin. Balkabağı ve limon suyunu karıştırın. Un karışımını karıştırın. Temiz bir kapta yumurta aklarını sertleşinceye kadar çırpın. Kek karışımını yağlanmış ve astarlı 30x12cm/12x8 İsviçre tavasına katlayın ve üzerine ceviz serpin. Önceden ısıtılmış fırında 190°C/375°F/termostat 5'te 10 dakika, yumuşayana kadar pişirin. Pudra şekerini temiz bir kurulama bezinin üzerine eleyin ve keki kurulamanın üzerine ters çevirin. Parşömen kağıdını çıkarın ve pastayı kurulama bezine sarın, ardından soğumaya bırakın.

İç harcını hazırlamak için, sürülebilir bir karışım elde edene kadar şekeri krem peynir ve vanilya özüyle yavaş yavaş çırpın. Pastayı yayın ve üzerine dolguyu yayın. Pastayı tekrar yuvarlayın ve servis etmeden önce soğumaya bırakın, üzerine biraz daha pudra şekeri serpin.

# *Ravent ve ballı kek*

İki adet 1 lb/450 g kek yapar

250g/9oz/¾ bardak berrak bal

100 ml/4 oz/½ bardak yağ

1 yumurta

5ml/1 çay kaşığı karbonat (kabartma tozu)

60ml/4 yemek kaşığı su

350 g/12 oz/3 su bardağı kepekli (buğday) unu.

10ml/2 yemek kaşığı tuz

350g/12oz ravent, ince doğranmış

5 ml/1 çay kaşığı vanilya özü (ekstresi)

2 oz/½ bardak/50 gr doğranmış karışık fındık (isteğe bağlı)

Süslemek için:

75 g/3 oz/1/3 bardak pudra şekeri

5 ml/1 çay kaşığı öğütülmüş tarçın

15 g/½ oz/1 yemek kaşığı tereyağı veya margarin, yumuşatılmış

Bal ve yağı karıştırın. Yumurtayı ekleyip iyice çırpın. Kabartma tozunu suya ekleyin ve çözünmesini bekleyin. Unu ve tuzu karıştırın. Bal karışımına dönüşümlü olarak kabartma tozu veya kabartma tozu karışımı ekleyin. İstenirse ravent, vanilya özü ve cevizleri karıştırın. İki adet yağlanmış 450g/1lb teneke kutuya dökün. Üzeri için olan malzemeleri karıştırıp kek karışımının üzerine yayın. Önceden ısıtılmış fırında 180°C/350°F/termostat 4'te 1 saat, yumuşayana kadar pişirin.

# *Tatlı Patatesli Kek*

9"/23 cm'lik bir pasta pişirin

300g/11oz/2¾ bardak sade un (çok amaçlı)

15 ml / 1 yemek kaşığı kabartma tozu

5 ml/1 çay kaşığı öğütülmüş tarçın

5 ml/1 yemek kaşığı rendelenmiş hindistan cevizi

Bir tutam tuz

350g/12oz/1¾ bardak pudra şekeri (süper ince).

375 ml/13 oz/1½ bardak yağ

60ml/4 yemek kaşığı kaynamış su

4 yumurta, ayrılmış

225g/8oz tatlı patates, soyulmuş ve iri rendelenmiş

100g/4oz/1 bardak kıyılmış karışık fındık

5 ml/1 çay kaşığı vanilya özü (ekstresi)

Buzlanma için:

8 oz / 11/3 bardak krema (şekerleme) şekeri, elenmiş

2 oz/¼ bardak/50 g tereyağı veya margarin, yumuşatılmış

250g/9oz/1 orta boy tüp krem peynir

50 g/2 oz/½ bardak kıyılmış karışık fındık

Üzerine serpmek için bir tutam toz tarçın

Un, kabartma tozu, tarçın, hindistan cevizi ve tuzu karıştırın. Şekeri ve yağı karıştırın, ardından kaynar suyu ekleyin ve iyice karışana kadar çırpın. Yumurta sarısı ve un karışımını ekleyin ve iyice birleşene kadar karıştırın. Tatlı patatesleri, fındıkları ve vanilya özünü karıştırın. Pişmiş yumurta beyazlarını çırpın ve ardından karışıma katlayın. İki adet yağlanmış ve unlanmış 9 cm/23 cm'lik kalıba dökün ve önceden ısıtılmış 180°C/350°F/termostat 4 fırında 40 dakika, ele yapışacak kadar esnek olana kadar pişirin. Tavaların içinde 5 dakika soğumaya bırakın, ardından soğumayı tamamlamak için tel ızgara üzerine çıkarın.

Pudra şekeri, tereyağı veya margarini ve krem peynirin yarısını karıştırın. Kalan krem peynirin yarısını kekin üzerine yayın, ardından kremayı peynirin üzerine yayın. Kurabiyeleri birlikte sandviçleyin. Servis yapmadan önce kalan krem peyniri üzerine sürün ve üzerine ceviz ve tarçın serpin.

# İtalyan bademli kek

20 cm'lik bir pasta yapın

1 yumurta

150 ml/¼ pt/2/3 su bardağı süt

2,5 ml/½ çay kaşığı badem özü (özü)

45ml/3 yemek kaşığı eritilmiş tereyağı

350g/12oz/3 su bardağı sade un (çok amaçlı)

100g/4oz/½ bardak pudra şekeri (süper ince).

10 ml / 2 yemek kaşığı kabartma tozu

2,5 ml/½ çay kaşığı tuz

1 yumurta beyazı

100g/4oz/1 su bardağı kıyılmış badem

Yumurtayı bir kasede çırpın, ardından yavaş yavaş sütü, badem özünü ve eritilmiş tereyağını ekleyerek sürekli çırpın. Unu, şekeri, kabartma tozunu ve tuzu ekleyip pürüzsüz hale gelinceye kadar karıştırmaya devam edin. Tereyağlanmış ve astarlanmış 20 cm'lik bir kalıba (kalıp) dökün. Yumurta beyazını köpürene kadar çırpın, ardından kekin üzerine cömertçe fırçalayın ve badem serpin. Önceden ısıtılmış fırında 220°C/425°F/termostat 7'de 25 dakika, altın rengi kahverengi olana ve dokunulduğunda esnek olana kadar pişirin.

# *Bademli kek ve kahve*

9"/23 cm'lik bir pasta pişirin

8 yumurta, ayrılmış

175g/6oz/¾ bardak pudra şekeri (süper ince).

60ml/4 yemek kaşığı koyu siyah kahve

175g/6oz/1½ bardak öğütülmüş badem

45ml/3 yemek kaşığı irmik (buğday kreması)

100g/4oz/1 su bardağı sade un (çok amaçlı)

Yumurta sarılarını ve şekeri çok kalın ve krema kıvamında çırpın. Kahveyi, çekilmiş bademleri ve irmiği ekleyip iyice çırpın. Unu karıştırın. Pişmiş yumurta beyazlarını çırpın ve ardından karışıma katlayın. Yağlanmış 9 cm/23 cm'lik bir kalıba dökün ve önceden ısıtılmış 180°C/350°F/termostat 4 fırında 45 dakika, dokunulabilecek kadar esnek olana kadar pişirin.

# *Bademli ve ballı kek*

20 cm'lik bir pasta yapın

8 oz/225 gr havuç, rendelenmiş

75 g/3 oz/¾ bardak badem, doğranmış

2 yumurta, dövülmüş

100 ml/4 fl oz/½ bardak arıtılmış bal

60ml/4 yemek kaşığı yağ

150 ml/¼ pt/2/3 su bardağı süt

150 g/5 oz/1¼ bardak tam buğday unu (tam buğday)

10ml/2 yemek kaşığı tuz

10 ml/2 çay kaşığı karbonat (kabartma tozu)

15 ml/1 yemek kaşığı öğütülmüş tarçın

Havuç ve cevizi karıştırın. Yumurtaları bal, yağ ve sütle çırpın, ardından havuç karışımına katlayın. Un, tuz, karbonat ve tarçını karıştırıp havuç karışımına ekleyin. Karışımı yağlanmış ve astarlı 20 cm'lik kare kalıba dökün ve önceden ısıtılmış fırında 150°C/300°F/termostat 2'de ortasına batırdığınız kürdan temiz çıkana kadar 1 3/4 saat pişirin. Kalıptan çıkarmadan önce 10 dakika boyunca tavada soğumaya bırakın.

# *Bademli ve limonlu kek*

9"/23 cm'lik bir pasta pişirin

25 g/1 oz/¼ bardak pullanmış badem

100g/4oz/½ bardak tereyağı veya margarin, yumuşatılmış

100g/4oz/½ bardak tatlı esmer şeker

2 yumurta, dövülmüş

100g/4oz/1 bardak kendi kendine kabaran un

1 limonun kabuğu rendesi

Şurup için:

75g/3oz/1/3 su bardağı pudra şekeri (süper ince).

45-60ml/3-4 yemek kaşığı limon suyu

9 inç / 23 cm'lik yaylı bir tavayı yağlayın ve hizalayın ve bademleri tabana serpin. Tereyağı ve esmer şekeri karıştırın. Yumurtaları tek tek çırpıp un ve limon kabuğu rendesini ekleyin. Hazırlanan forma dökün ve yüzeyi düzeltin. Önceden ısıtılmış fırında 180°C/350°F/termostat 4'te 20-25 dakika, iyice kabarıncaya ve dokunulduğunda yaylanıncaya kadar pişirin.

Bu arada bir tencerede pudra şekeri ve limon suyunu şeker eriyene kadar ara sıra karıştırarak ısıtın. Pastayı fırından çıkarın ve 2 dakika soğumasını bekleyin, ardından alt tarafı yukarı gelecek şekilde tel ızgaranın üzerine çevirin. Şurubu dökün ve tamamen soğumaya bırakın.

# *Portakallı Bademli Kek*

20 cm'lik bir pasta yapın

8 oz / 1 su bardağı tereyağı veya margarin, yumuşatılmış

225g/8oz/1 su bardağı pudra şekeri (süper ince).

4 yumurta, ayrılmış

225 g/8 oz/2 su bardağı sade un (çok amaçlı)

10 ml / 2 yemek kaşığı kabartma tozu

50 g/2 oz/½ bardak öğütülmüş badem

5 ml/1 yemek kaşığı rendelenmiş portakal kabuğu rendesi

Tereyağı veya margarini ve şekeri hafif ve kabarık hale gelinceye kadar karıştırın. Yumurta sarılarını çırpın, ardından un, kabartma tozu, öğütülmüş badem ve portakal kabuğu rendesini ekleyin. Yumurta aklarını sertleşinceye kadar çırpın, ardından metal bir kaşıkla karışıma katlayın. Yağlanmış ve astarlı 8/20 cm'lik bir kalıba dökün ve önceden ısıtılmış 180°C/350°F/termostat 4 fırında, ortasına batırdığınız kürdan temiz çıkana kadar 1 saat pişirin.

# *Zengin bademli kek*

7"/18 cm'lik bir pasta pişirin

100g/4oz/½ bardak tereyağı veya margarin, yumuşatılmış

150g/5oz/2/3 bardak pudra şekeri (süper ince).

3 yumurta, hafifçe çırpılmış

75 g/3 oz/¾ bardak öğütülmüş badem

50 g/2 oz/½ bardak sade un (çok amaçlı)

Birkaç damla badem özü (özü)

Tereyağı veya margarini ve şekeri hafif ve kabarık hale gelinceye kadar karıştırın. Yumurtaları azar azar ekleyin, ardından öğütülmüş bademleri, unu ve badem özünü ekleyin. Yağlanmış vc astarlı 7 cm/18 cm'lik bir kalıba dökün ve önceden ısıtılmış 180°C/350°F/termostat 4 fırında 45 dakika, yaylanıncaya kadar pişirin.

# İsveç makarnalı kek

9"/23 cm'lik bir pasta pişirin

100g/4oz/1 su bardağı öğütülmüş badem

75 g/3 oz/1/3 su bardağı toz şeker

5 ml/1 yemek kaşığı kabartma tozu

2 büyük yumurta akı, dövülmüş

Badem, şeker ve kabartma tozunu karıştırın. Karışım kalın ve pürüzsüz hale gelinceye kadar yumurta aklarını çırpın. Yağlanmış ve astarlı 9cm/23cm'lik bir sandviç kalıbına dökün ve önceden ısıtılmış fırında 160°C/termostat 3'te 20-25 dakika, tamamen pişip altın rengi oluncaya kadar pişirin. Kek çok kırılgan olduğu için kalıbı çok dikkatli açın.

# *Hindistan Cevizli Ekmek*

450g/1lb'lik bir somun yapar

100g/4oz/1 bardak kendi kendine kabaran un

225g/8oz/1 su bardağı pudra şekeri (süper ince).

100g/4oz/1 su bardağı kurutulmuş hindistan cevizi (rendelenmiş)

1 yumurta

120ml/½ su bardağı süt

Bir tutam tuz

Tüm malzemeleri iyice karıştırın ve yağlanmış ve astarlı 450g/1lb tavaya dökün. Önceden ısıtılmış fırında 180°C/350°F/termostat 4'te altın rengi kahverengi olana ve dokunulduğunda esnek olana kadar yaklaşık 1 saat pişirin.

# *Hindistan cevizli kek*

9"/23 cm'lik bir pasta pişirin

75 g/3 oz/1/3 bardak tereyağı veya margarin

150 ml/¼ pt/2/3 su bardağı süt

2 yumurta, hafifçe dövülmüş

225g/8oz/1 su bardağı pudra şekeri (süper ince).

150g/5oz/1¼ bardak kendiliğinden kabaran un (kendiliğinden kabaran)

Bir tutam tuz

## Süslemek için:

100g/4oz/½ bardak tereyağı veya margarin

75 g/3 oz/¾ bardak kurutulmuş hindistan cevizi (kıyılmış)

60ml/4 yemek kaşığı berrak bal

45ml/3 yemek kaşığı süt

50g/2oz/¼ bardak tatlı esmer şeker

Tereyağını veya margarini sütün içinde eritin ve biraz soğumaya bırakın. Yumurtaları ve pudra şekerini hafif ve kabarıncaya kadar karıştırın, ardından tereyağı ve süt karışımını ekleyin. Unu ve tuzu oldukça ince bir karışıma ekleyin. Yağlanmış ve astarlanmış 9cm/23cm'lik bir kalıba dökün ve önceden ısıtılmış 180°C/350°F/termostat 4 fırında altın rengi ve yumuşak bir kıvama gelinceye kadar 40 dakika pişirin.

Bu arada iç malzemelerini bir tencerede kaynatın. Sıcak keki ters çevirip üzerine hazırladığınız karışımı dökün. Doldurma renklenmeye başlayıncaya kadar birkaç dakika sıcak bir piliç altına yerleştirin.

# *Altın hindistan cevizli kek*

20 cm'lik bir pasta yapın

100g/4oz/½ bardak tereyağı veya margarin, yumuşatılmış

200g/7oz/lite 1 bardak pudra şekeri (süper ince).

200g/7oz/1¾ bardak sade un (çok amaçlı)

10 ml / 2 yemek kaşığı kabartma tozu

Bir tutam tuz

175 ml/6 fl oz/¾ bardak süt

3 yumurta akı

Doldurma ve doldurma için:

150g/5oz/1¼ bardak kurutulmuş hindistan cevizi (rendelenmiş)

200g/7oz/lite 1 bardak pudra şekeri (süper ince).

120ml/½ su bardağı süt

120 ml/4 oz/½ bardak su

3 yumurta sarısı

Tereyağı veya margarini ve şekeri hafif ve kabarık hale gelinceye kadar karıştırın. Karışıma un, kabartma tozu ve tuzu, homojen bir kütle oluşana kadar dönüşümlü olarak süt ve suyla birlikte ekleyin. Pişmiş yumurta aklarını çırpın ve ardından hamura katlayın. Karışımı yağlanmış iki adet 8/20 cm'lik kalıba dökün ve önceden ısıtılmış 180°C/350°F/termostat 4 fırında 25 dakika, yaylanıncaya kadar pişirin. Soğumaya bırakın.

Hindistan cevizini, şekeri, sütü ve yumurta sarısını küçük bir tencerede birleştirin. Yumurtalar pişene kadar sürekli karıştırarak birkaç dakika pişirin. Soğumaya bırakın. Kurabiyelerin yarısını hindistan cevizi karışımıyla kaplayın ve geri kalanını üstüne yerleştirin.

# *Hindistancevizi kaplı kek*

3½ x 7"/9 x 18 cm'lik bir pasta pişirin

100g/4oz/½ bardak tereyağı veya margarin, yumuşatılmış

175g/6oz/¾ bardak pudra şekeri (süper ince).

3 yumurta

175 g/6 oz/1½ bardak sade un (çok amaçlı)

5 ml/1 yemek kaşığı kabartma tozu

175 g/6 oz/1 bardak kuru üzüm (altın kuru üzüm)

120ml/½ su bardağı süt

6 normal kurabiye (bisküvi), ezilmiş

100g/4oz/½ bardak tatlı esmer şeker

100g/4oz/1 su bardağı kurutulmuş hindistan cevizi (rendelenmiş)

Tereyağı veya margarini ve pudra şekerini hafif ve kabarık olana kadar karıştırın. İki yumurtayı azar azar ekleyip un, kabartma tozu ve kuru üzümleri sütle dönüşümlü olarak karıştırın. Karışımın yarısını yağlanmış ve astarlı 450g/1lb teneke kutuya dökün. Kalan yumurtaları kurabiye kırıntıları, esmer şeker ve hindistan ceviziyle karıştırın ve tavanın üzerine serpin. Karışımın geri kalanını dökün ve önceden ısıtılmış fırında 180°C/350°F/termostat 4'te 1 saat pişirin. Tavada 30 dakika soğumaya bırakın, ardından soğumayı tamamlamak için tel ızgaraya çıkarın.

# Hindistan cevizi ve limonlu kek

20 cm'lik bir pasta yapın

100g/4oz/½ bardak tereyağı veya margarin, yumuşatılmış

75 g/3 oz/1/3 su bardağı tatlı esmer şeker

1 limonun kabuğu rendesi

1 yumurta, dövülmüş

Birkaç damla badem özü (özü)

350g/12oz/3 bardak kendiliğinden kabaran un (kendiliğinden kabaran)

60 ml/4 yemek kaşığı ahududu reçeli (konserve)

Süslemek için:

1 yumurta, dövülmüş

75 g/3 oz/1/3 su bardağı tatlı esmer şeker

225 g/8 oz/2 su bardağı kurutulmuş hindistan cevizi (kıyılmış)

Tereyağı veya margarini, şekeri ve limon kabuğu rendesini hafif ve kabarık olana kadar karıştırın. Yumurtayı ve badem özünü azar azar ekleyin, ardından unu ekleyin. Karışımı yağlanmış ve unlanmış 20 cm'lik kalıba dökün. Karışımın üzerine reçeli dökün. Doldurma malzemelerini karıştırın ve karışımın üzerine yayın. Önceden ısıtılmış fırında 180°C/350°F/termostat 4'te 30 dakika, yumuşayana kadar pişirin. Tavada soğumaya bırakın.

# *Yılbaşı Hindistan Cevizli Kek*

7"/18 cm'lik bir pasta pişirin

100g/4oz/½ bardak tereyağı veya margarin, yumuşatılmış

100g/4oz/½ bardak pudra şekeri (süper ince).

2 yumurta, hafifçe dövülmüş

75 g/3 oz/¾ bardak sade un (çok amaçlı)

45ml/3 yemek kaşığı kurutulmuş hindistan cevizi (rendelenmiş)

30ml/2 yemek kaşığı rom

Birkaç damla badem özü (özü)

Birkaç damla limon esansı (özü)

Tereyağı ve şekeri hafif ve kabarık hale gelinceye kadar karıştırın. Yumurtaları azar azar ekleyin, ardından unu ve hindistan cevizini ekleyin. Rom ve esansları ekleyin. Yağlanmış ve astarlı 18cm/7cm'lik bir kalıba dökün ve yüzeyi düzeltin. Önceden ısıtılmış fırında 190°C/375°F/termostat 5'te 45 dakika, ortasına batırdığınız kürdan temiz çıkana kadar pişirin. Tavada soğumaya bırakın.

# *Hindistan cevizli sultan keki*

9"/23 cm'lik bir pasta pişirin

100g/4oz/½ bardak tereyağı veya margarin, yumuşatılmış

175g/6oz/¾ bardak pudra şekeri (süper ince).

2 yumurta, hafifçe dövülmüş

175 g/6 oz/1½ bardak sade un (çok amaçlı)

5 ml/1 yemek kaşığı kabartma tozu

Bir tutam tuz

175 g/6 oz/1 bardak kuru üzüm (altın kuru üzüm)

120ml/½ su bardağı süt

Dolgu için:

1 yumurta, hafifçe çırpılmış

50g/2oz/½ bardak sade kurabiye kırıntıları (kek).

100g/4oz/½ bardak tatlı esmer şeker

100g/4oz/1 su bardağı kurutulmuş hindistan cevizi (rendelenmiş)

Tereyağı veya margarini ve pudra şekerini hafif ve kabarık olana kadar karıştırın. Yumurtaları yavaş yavaş ekleyin. Pürüzsüz bir kıvam elde edene kadar unu, kabartma tozunu, tuzu ve kuru üzümleri yeterli sütle karıştırın. Karışımın yarısını tereyağlanmış 23cm/9 kelepçeli bir tavaya dökün. Üzeri için olan malzemeleri karıştırıp karışımın üzerine dökün ve kalan kck karışımını üzerine dökün. Önceden ısıtılmış fırında 180°C/350°F/termostat 4'te 1 saat boyunca dokunulabilecek kadar esnek olana ve tavanın kenarlarından ayrılmaya başlayana kadar pişirin. Kalıptan çıkarmadan önce tavada soğumaya bırakın.

# Çıtır Etli Kek

9"/23 cm'lik bir pasta pişirin

8 oz / 1 su bardağı tereyağı veya margarin, yumuşatılmış

225g/8oz/1 su bardağı pudra şekeri (süper ince).

2 yumurta, hafifçe dövülmüş

225 g/8 oz/2 su bardağı sade un (çok amaçlı)

2,5 ml/½ çay kaşığı kabartma tozu (kabartma tozu)

2,5 ml/½ çay kaşığı tartar kreması

7 fl oz/lite 200 ml 1 bardak süt

Süslemek için:

100g/4oz/1 bardak kıyılmış karışık fındık

100g/4oz/½ bardak tatlı esmer şeker

5 ml/1 çay kaşığı öğütülmüş tarçın

Tereyağı veya margarini ve pudra şekerini hafif ve kabarık olana kadar karıştırın. Yumurtaları azar azar ekleyin, ardından sütle dönüşümlü olarak un, kabartma tozu ve tartar kremasını ekleyin. Yağlanmış ve unlanmış 23 cm'lik kalıba (kalıp) dökün. Ceviz, esmer şeker ve tarçını karıştırıp kekin üzerine serpin. Önceden ısıtılmış 180°C/350°F/termostat 4 fırında 40 dakika altın rengi kahverengi olana ve tavanın kenarlarından çekilinceye kadar pişirin. Tavada 10 dakika soğumaya bırakın, ardından soğumayı tamamlamak için bir tel ızgaraya çevirin.

# *Karışık etli kek*

9"/23 cm'lik bir pasta pişirin

100g/4oz/½ bardak tereyağı veya margarin, yumuşatılmış

225g/8oz/1 su bardağı pudra şekeri (süper ince).

1 yumurta, dövülmüş

225 g/8 oz/2 bardak kendiliğinden kabaran un (kendiliğinden kabaran)

10 ml / 2 yemek kaşığı kabartma tozu

Bir tutam tuz

250 ml/8 oz/1 bardak süt

5 ml/1 çay kaşığı vanilya özü (ekstresi)

2,5 ml/½ çay kaşığı limon özü (özü)

100g/4oz/1 bardak kıyılmış karışık fındık

Tereyağı veya margarini ve şekeri hafif ve kabarık hale gelinceye kadar karıştırın. Yumurtayı azar azar ekleyin. Un, maya ve tuzu karıştırıp, dönüşümlü olarak süt ve esansla birlikte karışıma ekleyin. Somunları çevirin. Yağlanmış ve astarlı 23 cm'lik iki kek kalıbına dökün ve önceden ısıtılmış 180°F/350°F/termostat 4 fırında ortasına batırdığınız kürdan temiz çıkana kadar 40 dakika pişirin.

# *Yunan sığır eti keki*

10 inç/25 cm'lik bir kek kalıbı pişirin

100g/4oz/½ bardak tereyağı veya margarin, yumuşatılmış

225g/8oz/1 su bardağı pudra şekeri (süper ince).

3 yumurta, hafifçe çırpılmış

2¼ bardak/9 oz/250 gr sade un (çok amaçlı)

225 g/8 oz/2 bardak öğütülmüş ceviz

10 ml / 2 yemek kaşığı kabartma tozu

5 ml/1 çay kaşığı öğütülmüş tarçın

1,5ml/¼ çay kaşığı öğütülmüş karanfil

Bir tutam tuz

75ml/5 yemek kaşığı süt

Bal şurubu için:

175g/6oz/¾ bardak pudra şekeri (süper ince).

75 g/3 oz/¼ bardak berrak bal

15 ml / 1 yemek kaşığı limon suyu

250 ml/8 fl oz/1 bardak kaynar su

Tereyağı veya margarini ve şekeri hafif ve kabarık hale gelinceye kadar karıştırın. Yumurtaları azar azar ekleyip ardından un, fındık, kabartma tozu, baharatlar ve tuzu ekleyin. Sütü ekleyin ve pürüzsüz hale gelinceye kadar karıştırın. Yağlanmış ve unlanmış 10cm/25cm'lik bir kalıba dökün ve önceden ısıtılmış fırında 180°C/350°F/termostat 4'te 40 dakika, ele yapışacak kadar esnek olana kadar pişirin. Tavada 10 dakika soğumaya bırakın, ardından tel rafa aktarın.

Şurubu hazırlamak için şekeri, balı, limon suyunu ve suyu karıştırın ve eriyene kadar ısıtın. Sıcak keki çatalla delin, ardından üzerine bal şurubu gezdirin.

# *Cevizli Dondurmalı Kek*

7"/18 cm'lik bir pasta pişirin

100g/4oz/½ bardak tereyağı veya margarin, yumuşatılmış

100g/4oz/½ bardak pudra şekeri (süper ince).

2 yumurta, hafifçe dövülmüş

100g/4oz/1 bardak kendi kendine kabaran un

100g/4oz/1 su bardağı kıyılmış ceviz

Bir tutam tuz

Buzlanma için:

450 g/1 lb/2 su bardağı toz şeker

150 ml/¼ pt/2/3 su bardağı su

2 yumurta akı

Süslemek için birkaç yarım ceviz

Tereyağı veya margarini ve pudra şekerini hafif ve kabarık olana kadar karıştırın. Yumurtaları azar azar ekleyip ardından un, fındık ve tuzu ekleyin. Karışımı iki adet yağlanmış ve astarlı 18cm/7" kek kalıbına dökün ve önceden ısıtılmış 180°C/termostat 4 fırında 25 dakika boyunca iyice kabarıp ele yayılacak kıvama gelinceye kadar pişirin. Soğumaya bırakın.

Pudra şekerini kısık ateşte, sürekli karıştırarak suda eritin, ardından kaynatın ve karışımdan bir damla soğuk suya döküldüğünde yumuşak bir top haline gelinceye kadar hiç karıştırmadan kaynatmaya devam edin. Bu arada yumurta aklarını temiz bir kapta sertleşene kadar çırpın. Şurubu yumurta aklarının üzerine dökün ve karışım bir kaşığın arkasını kaplayacak kadar koyulaşana kadar çırpın. Keklerin üzerine bir kat krema sürün, geri kalanını kekin üstüne ve yanlarına sürün ve yarım cevizle süsleyin.

# Çikolata kremalı cevizli kek

7"/18 cm'lik bir pasta pişirin

3 yumurta

75 g/3 oz/1/3 su bardağı tatlı esmer şeker

50 g/2 oz/½ bardak tam buğday unu (tam buğday).

25 g/1 oz/¼ fincan kakao tozu (şekersiz çikolata)

Buzlanma için:

150g/5oz/1¼ bardak sade çikolata (yarı tatlı)

225 g/8 oz/1 bardak az yağlı krem peynir

45 ml/3 yemek kaşığı pudra şekeri (şekerleme), elenmiş

75 g/3 oz/¾ bardak kıyılmış ceviz

15 ml/1 yemek kaşığı konyak (isteğe bağlı)

Süslemek için rendelenmiş çikolata

Yumurtaları ve esmer şekeri, soluk ve koyu bir kıvama gelinceye kadar karıştırın. Unu ve kakaoyu karıştırın. Karışımı yağlanmış ve astarlı 7cm/18cm'lik iki sandviç kalıbına dökün ve önceden ısıtılmış fırında 190°C/375°F/termostat 5'te 15-20 dakika iyice kabarıncaya ve dokunulduğunda yaylanıncaya kadar pişirin. Kalıplardan çıkarıp soğumaya bırakın.

Çikolatayı, hafifçe kaynayan su dolu bir tencerenin üzerinde ısıya dayanıklı bir kapta eritin. Ocaktan alıp krem peyniri ve pudra şekerini ekleyip karıştırın, ardından cevizleri ve (varsa) brendiyi ekleyip karıştırın. Dolgunun çoğunu kurabiyelerin üzerine sürün ve geri kalanını üstüne yayın. Rendelenmiş çikolata ile süsleyin.

# *Ballı ve tarçınlı kek*

9"/23 cm'lik bir pasta pişirin

225 g/8 oz/2 su bardağı sade un (çok amaçlı)

10 ml / 2 yemek kaşığı kabartma tozu

5ml/1 çay kaşığı karbonat (kabartma tozu)

5 ml/1 çay kaşığı öğütülmüş tarçın

Bir tutam tuz

100 g/4 oz/1 bardak sade yoğurt

75ml/5 yemek kaşığı yağ

100 g/4 oz/1/3 bardak berrak bal

1 yumurta, hafifçe çırpılmış

5 ml/1 çay kaşığı vanilya özü (ekstresi)

Dolgu için:

2 oz/½ bardak/50 gr kıyılmış ceviz

225g/8oz/1 su bardağı tatlı esmer şeker

10 ml/2 çay kaşığı öğütülmüş tarçın

30ml/2 yemek kaşığı yağ

Kek için kuru malzemeleri karıştırıp ortasını havuz gibi açın. Geri kalan kek malzemelerini karıştırıp kuru malzemelerle karıştırın. Doldurma için malzemeleri karıştırın. Kek hamurunun yarısını yağlanmış ve unlanmış 9 cm/23 cm'lik bir kalıba dökün ve üzerine dolgunun yarısını serpin. Kek karışımının geri kalanını, ardından dolgunun geri kalanını ekleyin. Önceden ısıtılmış fırında 180°C/350°F/termostat 4'te iyice kabarıp altın rengi oluncaya ve tavanın kenarlarından ayrılmaya başlayana kadar 30 dakika pişirin.

# *Badem ve bal barları*

10 yap

15 g/½ oz taze maya veya 20 ml/4 yemek kaşığı kuru maya

45 ml/3 yemek kaşığı pudra şekeri (süper ince).

120 ml/4 fl oz/½ bardak ılık süt

300g/11oz/2¾ bardak sade un (çok amaçlı)

Bir tutam tuz

1 yumurta, hafifçe çırpılmış

2 oz/¼ bardak/50 g tereyağı veya margarin, yumuşatılmış

½ pt/1¼ bardak/300 ml çift krema (kalın)

2 yemek kaşığı / 30 ml pudra şekeri (şekerleme), elenmiş

45ml/3 yemek kaşığı berrak bal

300g/11oz/2¾ su bardağı file badem (dilimlenmiş)

Mayayı, 5 ml / 1 çay kaşığı pudra şekerini ve bir miktar sütü karıştırıp ılık bir yerde 20 dakika köpük köpük olana kadar bekletin. Geri kalan şekeri un ve tuzla karıştırıp ortasını havuz gibi açın. Yumurtaları, tereyağı veya margarini, maya karışımını ve kalan ılık sütü yavaş yavaş ekleyerek pürüzsüz bir hamur oluşana kadar karıştırın. Pürüzsüz ve elastik oluncaya kadar hafifçe unlanmış bir yüzeyde yoğurun. Yağlanmış bir kaseye yerleştirin, üzerini streç filmle (plastik ambalaj) örtün ve ılık bir yerde, boyutu iki katına çıkana kadar 45 dakika bekletin.

Hamuru tekrar yoğurup yuvarlayın ve yağlanmış 30 x 20 cm'lik kalıba yerleştirin, çatalla delin, üzerini örtün ve ılık bir yerde 10 dakika dinlenmeye bırakın.

Küçük bir tencereye 120ml/½ su bardağı krema, pudra şekeri ve balı koyup kaynatın. Ateşten alıp bademleri ekleyip karıştırın. Hamur işinin üzerine yayın ve önceden ısıtılmış fırında 200°C/400°F/termostat 6'da 20 dakika altın rengi kahverengi olana ve dokunulduğunda esnek olana kadar pişirin, bitirmeden önce üst kısmı çok fazla kahverengileşmeye başlarsa parşömen (mumlu) kağıtla örtün. yemek pişirme Kalıptan çıkarın ve soğumaya bırakın.

Pastayı yatay olarak ikiye bölün. Kremanın geri kalanını sertleşene kadar çırpın ve kekin alt yarısına yayın. Bademle kaplı kekin yarısını kaplayın ve çubuklar halinde kesin.

# *Elma ve frenk üzümü parçalanır*

12 yap

175 g/6 oz/1½ bardak sade un (çok amaçlı)

5 ml/1 yemek kaşığı kabartma tozu

Bir tutam tuz

175 g/6 oz/¾ fincan tereyağı veya margarin

225g/8oz/1 su bardağı tatlı esmer şeker

100g/4oz/1 su bardağı yulaf ezmesi

450 g / 1 lb pişmiş (turta) elma, soyulmuş, çekirdeği çıkarılmış ve dilimlenmiş

30ml/2 yemek kaşığı mısır unu (mısır nişastası)

10 ml/2 çay kaşığı öğütülmüş tarçın

2,5ml/½ çay kaşığı rendelenmiş hindistan cevizi

2,5 ml/½ çay kaşığı öğütülmüş biber

225 g/8 oz siyah kuş üzümü

Unu, kabartma tozunu ve tuzu karıştırın, ardından tereyağı veya margarini ekleyip karıştırın. Şekeri ve yulafı karıştırın. Yarısını yağlanmış ve astarlı 9cm/25cm kare kalıbın tabanına dökün. Elmaları, mısır unu ve baharatları karıştırıp üzerine yayın. Siyah kuş üzümü ile süsleyin. Karışımın geri kalanını dökün ve üstünü düzeltin. Önceden ısıtılmış fırında 180°C/350°F/termostat 4'te 30 dakika, yaylanıncaya kadar pişirin. Soğumaya bırakın ve ardından dilimler halinde kesin.

# *Kayısı ve yulaf barları*

24 yap

75 g/3 oz/½ bardak kuru kayısı

25 g / 1 oz / 3 yemek kaşığı kuru üzüm (altın kuru üzüm)

250 ml/8 oz/1 bardak su

5 ml/1 çay kaşığı limon suyu

150g/5oz/2/3 su bardağı tatlı esmer şeker

50 g/2 oz/½ bardak kurutulmuş hindistan cevizi (kıyılmış)

50 g/2 oz/½ bardak sade un (çok amaçlı)

2,5 ml/½ çay kaşığı kabartma tozu (kabartma tozu)

100g/4oz/1 su bardağı yulaf ezmesi

50 g/2 oz/¼ fincan tereyağı, eritilmiş

Kayısıları, kuru üzümleri, suyu, limon suyunu ve 2 yemek kaşığı/30ml esmer şekeri küçük bir tencereye koyun ve koyulaşana kadar kısık ateşte karıştırın. Hindistan cevizini ekleyip soğumaya bırakın. Unu, kabartma tozunu, yulafı ve kalan şekeri karıştırın, ardından eritilmiş tereyağını ekleyerek karıştırın. Yulaf karışımının yarısını yağlanmış 20cm/8 kare kalıbın tabanına bastırın, ardından kayısı karışımını üstüne yayın. Kalan yulaf karışımını üstüne dökün ve hafifçe bastırın. Önceden ısıtılmış fırında 180°C/350°F/termostat 4'te 30 dakika altın rengi oluncaya kadar pişirin. Soğumaya bırakın ve ardından dilimler halinde kesin.

# Kayısı kızartması

16 yap

2/3 su bardağı/100g yemeye hazır kuru kayısı

120 ml/4 oz/½ bardak portakal suyu

100g/4oz/½ bardak tereyağı veya margarin

75 g/3 oz/¾ bardak tam buğday (buğday) unu.

75 g/3 oz/¾ bardak yulaf ezmesi

75 g/3 oz/1/3 bardak demerara şekeri

Kayısıları portakal suyunda en az 30 dakika yumuşayana kadar bekletin, süzün ve doğrayın. Karışım ekmek kırıntısı görünümüne gelinceye kadar tereyağı veya margarini unun içine sürün. Yulaf ve şekeri karıştırın. Karışımın yarısını yağlanmış 30 x 20 cm/12 x 8 ebatlarındaki bir tavaya bastırın ve kayısıların üzerine serpin. Karışımın geri kalanını üzerine yayıp hafifçe bastırın. Önceden ısıtılmış fırında 180°C/350°F/termostat 4'te 25 dakika altın rengi oluncaya kadar pişirin. Kalıptan çıkarıp çubuklara kesmeden önce tavada soğumaya bırakın.

# *Ceviz Muz Barları*

Yaklaşık 14 yaşında olacak

2 oz/¼ bardak/50 g tereyağı veya margarin, yumuşatılmış

75g/3oz/1/3 su bardağı pudra şekeri (süper ince) veya yumuşak esmer şeker

2 büyük muz, doğranmış

175 g/6 oz/1½ bardak sade un (çok amaçlı)

7,5 ml / 1½ çay kaşığı kabartma tozu

2 yumurta, dövülmüş

2 oz/½ bardak/50 gr ceviz, iri kıyılmış

Tereyağı veya margarini şekerle karıştırın. Muzları ezin ve karışımı karıştırın. Unu ve kabartma tozunu karıştırın. Muz karışımına un, yumurta ve fındıkları ekleyip iyice çırpın. Yağlanmış ve astarlı 18 x 28cm/7 x 11 kalıp içine dökün, yüzeyi düzeltin ve önceden ısıtılmış 160°C/325°F/termostat 3 fırında 30-35 dakika, yaylanıncaya kadar pişirin. Tavada birkaç dakika soğumaya bırakın, ardından soğumayı tamamlamak için tel ızgaraya çevirin. Yaklaşık 14 bara bölün.

# *Amerikan kekleri*

Yaklaşık 15

2 büyük yumurta

225g/8oz/1 su bardağı pudra şekeri (süper ince).

2 oz/¼ bardak/50 g tereyağı veya margarin, eritilmiş

2,5 ml/½ çay kaşığı vanilya özü (ekstresi)

75 g/3 oz/¾ bardak sade un (çok amaçlı)

45ml/3 yemek kaşığı kakao tozu (şekersiz çikolata).

2,5 ml/½ çay kaşığı kabartma tozu

Bir tutam tuz

2 oz/½ bardak/50 gr ceviz, iri kıyılmış

Yumurtaları ve şekeri koyu ve krema kıvamına gelinceye kadar çırpın. Tereyağı ve vanilya özünü ekleyin. Unu, kakaoyu, kabartma tozunu ve tuzu eleyin ve fındıklı karışıma karıştırın. İyice yağlanmış 20 cm'lik kare kalıba dökün. Önceden ısıtılmış fırında 180°C/350°F/termostat 4'te 40 ila 45 dakika, yaylanıncaya kadar pişirin. Tavada 10 dakika bekletin, ardından kareler halinde kesin ve hala sıcakken tel ızgaraya aktarın.

# Çikolatalı Fungi bravnileri

Yaklaşık 16 yaşında olacak

225 g/8 oz/1 bardak tereyağı veya margarin

175g/6oz/¾ bardak toz şeker

350g/12oz/3 bardak kendiliğinden kabaran un (kendiliğinden kabaran)

30ml/2 yemek kaşığı kakao tozu (şekersiz çikolata).

### Buzlanma için:

175g/6oz/1 su bardağı toz şeker (şekerleme), elenmiş

30ml/2 yemek kaşığı kakao tozu (şekersiz çikolata).

kaynayan su

Tereyağını veya margarini eritip üzerine pudra şekerini ekleyin. Unu ve kakaoyu karıştırın. 7 x 11 inç/18 x 28 cm'lik astarlı bir tavaya bastırın. Önceden ısıtılmış fırında 180°C/350°F/termostat 4'te yaklaşık 20 dakika, yumuşayana kadar pişirin.

Sır yapmak için pudra şekeri ve kakaoyu bir kaseye eleyin ve bir damla kaynar su ekleyin. İyice karışana kadar karıştırın, gerekirse bir damla veya daha fazla su ekleyin. Brownie'leri sıcakken (ancak sıcak değil) dondurun, ardından kareler halinde kesmeden önce soğumaya bırakın.

# Cevizli ve çikolatalı brownie

12 yap

50g/2oz/½ bardak sade çikolata (yarı tatlı)

75 g/3 oz/1/3 bardak tereyağı veya margarin

225g/8oz/1 su bardağı pudra şekeri (süper ince).

75 g/3 oz/¾ bardak sade un (çok amaçlı)

75 g/3 oz/¾ bardak kıyılmış ceviz

50g/2oz/½ bardak çikolata parçacıkları

2 yumurta, dövülmüş

2,5 ml/½ çay kaşığı vanilya özü (ekstresi)

Çikolatayı ve tereyağını veya margarini, hafifçe kaynayan su dolu bir tencerenin üzerinde ısıya dayanıklı bir kapta eritin. Ateşten alıp geri kalan malzemeleri ekleyip karıştırın. Yağlanmış ve astarlanmış 8/20 cm'lik bir kalıba dökün ve önceden ısıtılmış 180°C/350°F/termostat 4 fırında 30 dakika ortasına batırdığınız kürdan temiz çıkana kadar pişirin. Tavada soğumaya bırakın ve kareler halinde kesin.

# Tereyağı çubukları

16 yap

100g/4oz/½ bardak tereyağı veya margarin, yumuşatılmış

100g/4oz/½ bardak pudra şekeri (süper ince).

1 yumurta, ayrılmış

100g/4oz/1 su bardağı sade un (çok amaçlı)

25 g/1 oz/¼ bardak kıyılmış karışık fındık

Tereyağı veya margarini ve şekeri hafif ve kabarık hale gelinceye kadar karıştırın. Yumurta sarısını karıştırın, ardından un ve fındıkları ekleyerek karışım oldukça sertleşene kadar karıştırın. Çok katıysa biraz süt ekleyin; öğütülmüşse, biraz daha un ekleyin. Hamuru yağlanmış 30 x 20 cm/12 x 8 tavaya dökün. Yumurta aklarını köpürene kadar çırpın ve karışımın üzerine yayın. Önceden ısıtılmış fırında 180°C/350°F/termostat 4'te 30 dakika altın rengi oluncaya kadar pişirin. Soğumaya bırakın ve ardından dilimler halinde kesin.

# Kiraz karamelli fırın tepsisi

12 yap

100 g/4 oz/1 bardak badem

8 oz / 1 su bardağı sırlı (şekerlenmiş) kiraz, yarıya bölünmüş

8 oz / 1 su bardağı tereyağı veya margarin, yumuşatılmış

225g/8oz/1 su bardağı pudra şekeri (süper ince).

3 yumurta, dövülmüş

100g/4oz/1 bardak kendi kendine kabaran un

50 g/2 oz/½ bardak öğütülmüş badem

5 ml/1 yemek kaşığı kabartma tozu

5ml/1 çay kaşığı badem özü (özü)

Yağlanmış ve astarlanmış 20 cm'lik kalıbın tabanına badem ve vişneleri yayın. ¼ fincan/2 oz/50 g tereyağı veya margarini ¼ fincan/2 oz/50 g şekerle eritin, ardından kirazların ve cevizlerin üzerine dökün. Geri kalan tereyağı veya margarini ve şekeri hafif ve kabarıncaya kadar çırpın, ardından yumurtaları ve unu, öğütülmüş bademleri, kabartma tozunu ve badem özünü ekleyerek karıştırın. Karışımı kalıba dökün ve üstünü düzeltin. Önceden ısıtılmış fırında 160°C/325°F/termostat 3'te 1 saat pişirin. Tavada birkaç dakika soğumaya bırakın, ardından dikkatlice bir tel ızgara üzerine ters çevirin ve gerekirse parşömen kağıdı dolgusunun bir kısmını kazıyın. Kesmeden önce tamamen soğumasını bekleyin.

# Çikolata parçacıklı fırın tepsisi

24 yap

100g/4oz/½ bardak tereyağı veya margarin, yumuşatılmış

100g/4oz/½ bardak tatlı esmer şeker

50g/2oz/¼ bardak pudra şekeri (süper ince).

1 yumurta

5 ml/1 çay kaşığı vanilya özü (ekstresi)

100g/4oz/1 su bardağı sade un (çok amaçlı)

2,5 ml/½ çay kaşığı kabartma tozu (kabartma tozu)

Bir tutam tuz

100g/4oz/1 bardak çikolata parçacıkları

Tereyağı veya margarini ve şekeri hafif ve kabarık olana kadar çırpın, ardından yavaş yavaş yumurta ve vanilya özünü ekleyin. Unu, kabartma tozunu ve tuzu karıştırın. Çikolata parçacıklarını ekleyin. Yağlanmış ve unlanmış 25 cm'lik (12 inç) kare bir tavaya dökün ve önceden 190°C/375°F/termostat 2'ye ısıtılmış fırında altın rengi oluncaya kadar 15 dakika pişirin. Soğumaya bırakın ve ardından kareler halinde kesin.

# *Tarçınlı ufalanmış katman*

12 yap

Taban için:

100g/4oz/½ bardak tereyağı veya margarin, yumuşatılmış

30 ml/2 yemek kaşığı berrak bal

2 yumurta, hafifçe dövülmüş

100g/4oz/1 su bardağı sade un (çok amaçlı)

Ufalamak için:

75 g/3 oz/1/3 bardak tereyağı veya margarin

75 g/3 oz/¾ bardak sade un (çok amaçlı)

75 g/3 oz/¾ bardak yulaf ezmesi

5 ml/1 çay kaşığı öğütülmüş tarçın

50g/2oz/¼ bardak demerara şekeri

Tereyağı veya margarini ve balı hafif ve kabarık hale gelinceye kadar karıştırın. Yumurtaları azar azar ekleyip ardından unu ekleyin. Yağlanmış 20 cm'lik kare kalıba karışımın yarısını dökün ve üzerini düzeltin.

Galeta unu yapmak için, tereyağı veya margarini, karışım galeta unu kıvamına gelinceye kadar unun içine sürün. Yulaf, tarçın ve şekeri karıştırın. Galeta ununun yarısını tavaya koyun, üzerine kalan kek karışımını ve kalan galeta ununu ekleyin. Önceden 190°C/375°F/termostat 5'e ısıtılmış fırında yaklaşık 35 dakika, ortasına batırdığınız kürdan temiz çıkana kadar pişirin. Soğumaya bırakın ve ardından dilimler halinde kesin.

# *Lezzetli tarçın çubukları*

16 yap

225 g/8 oz/2 su bardağı sade un (çok amaçlı)

10 ml / 2 yemek kaşığı kabartma tozu

225g/8oz/1 su bardağı tatlı esmer şeker

15 ml / 1 yemek kaşığı eritilmiş tereyağı

250 ml/8 oz/1 bardak süt

30ml/2 yemek kaşığı demerara şekeri

10 ml/2 çay kaşığı öğütülmüş tarçın

25g/1oz/2yk tereyağı, soğutulmuş ve doğranmış

Unu, kabartma tozunu ve şekeri karıştırın. Eritilmiş tereyağı ve sütü ekleyip iyice karıştırın. Karışımı 23 cm çapındaki 2 kare kalıba (kalıplara) bastırın. Üstüne demerara şekeri ve tarçın serpin, ardından üzerine tereyağı parçalarını bastırın. Önceden ısıtılmış fırında 180°C/350°F/termostat 4'te 30 dakika pişirin. Tereyağı pişerken karışımda delikler açacak ve yapışkan hale gelecektir.

# *Hindistan cevizi barları*

16 yap

75 g/3 oz/1/3 bardak tereyağı veya margarin

100g/4oz/1 su bardağı sade un (çok amaçlı)

30 ml/2 yemek kaşığı pudra şekeri (süper ince).

2 yumurta

100g/4oz/½ bardak tatlı esmer şeker

Bir tutam tuz

175g/6oz/1½ bardak kurutulmuş hindistan cevizi (rendelenmiş)

50 g/2 oz/½ bardak kıyılmış karışık fındık

turuncu sır

Karışım ekmek kırıntısı görünümüne gelinceye kadar tereyağı veya margarini unun içine sürün. Şekeri karıştırın ve yağlanmamış 9/23 cm'lik kare bir tavaya bastırın. Önceden ısıtılmış fırında 190°C/350°F/termostat 4'te sertleşene kadar 15 dakika pişirin.

Yumurtaları, esmer şekeri ve tuzu karıştırın, ardından hindistancevizi ve cevizi ekleyip karıştırıp tabanın üzerine yayın. Altın rengi olana kadar 20 dakika pişirin ve ayarlayın. Soğudukça turuncu sırlı dondurma. Çubuklar halinde kesin.

# *Hindistan Cevizi Reçeli Sandviç Barlar*

16 yap

25 g/1 oz/2 yemek kaşığı tereyağı veya margarin

175 g/6 oz/1½ bardak kendiliğinden kabaran un (kendiliğinden kabaran)

225g/8oz/1 su bardağı pudra şekeri (süper ince).

2 yumurta sarısı

75ml/5 yemek kaşığı su

175g/6oz/1½ bardak kurutulmuş hindistan cevizi (rendelenmiş)

4 yumurta akı

50 g/2 oz/½ bardak sade un (çok amaçlı)

100 g/4 oz/1/3 bardak çilek reçeli (konserve)

Tereyağı veya margarini kendiliğinden kabaran una sürün, ardından 50g/¼ bardak şekeri ekleyip karıştırın. Yumurta sarısını ve 3 yemek kaşığı/45ml suyu birlikte çırpın ve karışıma karıştırın. Yağlanmış 30 x 20 cm/12 x 8 tavanın tabanına bastırın ve çatalla delin. Önceden ısıtılmış fırında 180°C/350°F/termostat 4'te 12 dakika pişirin. Soğumaya bırakın.

Hindistan cevizini, geri kalan şekeri, suyu ve yumurta beyazını bir tencereye koyun ve karışım topak topak, renksiz bir kıvama gelinceye kadar kısık ateşte karıştırın. Soğumaya bırakın. Sade unu karıştırın. Kalan yumurta aklarını sertleşene kadar çırpın, ardından karışıma ekleyin. Tabana reçeli sürün ve ardından hindistan cevizi dolgusunu yayın. Altın kahverengi olana kadar 30 dakika pişirin. Çubuklara kesmeden önce tavada soğumaya bırakın.

# *Hurma ve Elmalı Tepsi Bake*

12 yap

1 pişmiş elma (turta), soyulmuş, çekirdeği çıkarılmış ve doğranmış

8 oz / 11/3 su bardağı hurma (çekirdekleri çıkarılmış), doğranmış

150 ml/¼ pt/2/3 su bardağı su

350g/12oz/3 su bardağı yulaf ezmesi

6 oz/¾ bardak/175 g tereyağı veya margarin, eritilmiş

45ml/3 yemek kaşığı demerara şekeri

5 ml/1 çay kaşığı öğütülmüş tarçın

Elmaları, hurmaları ve suyu bir tencereye koyun ve kısık ateşte elmalar yumuşayana kadar yaklaşık 5 dakika pişirin. Soğumaya bırakın. Yulaf, tereyağı veya margarin, şeker ve tarçını birleştirin. Yağlanmış 20 cm'lik kare kalıba yarısını dökün ve üzerini düzeltin. Üzerine elma ve hurma karışımını ekleyin, ardından yulaf karışımının geri kalanını üstüne ekleyin ve yüzeyi düzeltin. Yavaşça basın. Önceden ısıtılmış fırında 190°C/375°F/termostat 5'te altın rengi oluncaya kadar yaklaşık 30 dakika pişirin. Soğumaya bırakın ve ardından dilimler halinde kesin.

# *Tarih dilimleri*

12 yap

8 oz / 11/3 su bardağı hurma (çekirdekleri çıkarılmış), doğranmış

30 ml/2 yemek kaşığı berrak bal

30ml/2 yemek kaşığı limon suyu

225 g/8 oz/1 bardak tereyağı veya margarin

225 g/8 oz/2 su bardağı tam buğday unu (tam buğday).

225 g/8 oz/2 su bardağı yulaf ezmesi

75 g/3 oz/1/3 su bardağı tatlı esmer şeker

Hurmaları, balı ve limon suyunu, kısık ateşte, hurmalar yumuşayıncaya kadar birkaç dakika kaynatın. Tereyağı veya margarini, un ve yulafın içine, karışım ekmek kırıntısı görünümüne gelinceye kadar sürün, ardından şekeri ekleyin. Karışımın yarısını yağlanmış ve astarlı 20cm/8cm kare kalıba dökün. Üzerine hurma karışımını dökün, ardından geri kalan kek karışımını üstüne dökün. Sıkıca bastır. Önceden ısıtılmış fırında 190°C/375°F/termostat 5'te 35 dakika, yumuşayana kadar pişirin. Tavada soğumaya bırakın, henüz sıcakken dilimleyin.

# *Büyükannenin alıntı çubukları*

16 yap

100g/4oz/½ bardak tereyağı veya margarin, yumuşatılmış

225g/8oz/1 su bardağı tatlı esmer şeker

2 yumurta, hafifçe dövülmüş

175 g/6 oz/1½ bardak sade un (çok amaçlı)

2,5 ml/½ çay kaşığı kabartma tozu (kabartma tozu)

5 ml/1 çay kaşığı öğütülmüş tarçın

Bir tutam öğütülmüş karanfil

Bir tutam rendelenmiş hindistan cevizi

175 g/6 oz/1 bardak çekirdekleri çıkarılmış (çekirdekleri çıkarılmış) hurma, doğranmış

Tereyağı veya margarini ve şekeri hafif ve kabarık hale gelinceye kadar karıştırın. Yumurtaları azar azar ekleyin, her eklemeden sonra iyice çırpın. Kalan malzemeleri iyice birleşene kadar karıştırın. Yağlanmış ve unlanmış 23 cm'lik kare bir tavaya dökün ve önceden ısıtılmış fırında 180°C/350°F/termostat 4'te ortasına batırdığınız kürdan temiz çıkana kadar 25 dakika pişirin. Soğumaya bırakın ve ardından dilimler halinde kesin.

# Hurma çubukları ve yulaf

16 yap

175 g/6 oz/1 bardak çekirdekleri çıkarılmış (çekirdekleri çıkarılmış) hurma, doğranmış

15 ml / 1 yemek kaşığı şeffaf bal

30 ml/2 yemek kaşığı su

225 g/8 oz/2 su bardağı tam buğday unu (tam buğday).

100g/4oz/1 su bardağı yulaf ezmesi

100g/4oz/½ bardak tatlı esmer şeker

2/3 bardak/5 oz/150 gr tereyağı veya margarin, eritilmiş

Hurmaları, balı ve suyu küçük bir tencerede hurmalar yumuşayıncaya kadar kaynatın. Unu, yulafı ve şekeri karıştırın, ardından eritilmiş tereyağı veya margarini ekleyip karıştırın. Karışımın yarısını yağlanmış 7"/18cm'lik kare bir kalıba bastırın, hurma karışımını serpin, ardından kalan yulaf karışımını örtün ve hafifçe bastırın. Önceden ısıtılmış fırında 180°C/350°F/termostat 4'te bir süre pişirin. Sertleşene ve altın rengi olana kadar 1 saat. Tavada soğumaya bırakın, hala sıcakken çubuklar halinde kesin.

# *Tarih çubukları ve fındık*

12 yap

100g/4oz/½ bardak tereyağı veya margarin, yumuşatılmış

150g/5oz/2/3 bardak pudra şekeri (süper ince).

1 yumurta, hafifçe çırpılmış

100g/4oz/1 bardak kendi kendine kabaran un

8 oz / 11/3 su bardağı hurma (çekirdekleri çıkarılmış), doğranmış

100g/4oz/1 su bardağı kıyılmış ceviz

15ml/1 yemek kaşığı süt (isteğe bağlı)

100 g/4 oz/1 bardak sade çikolata (yarı tatlı)

Tereyağı veya margarini ve şekeri hafif ve kabarık hale gelinceye kadar karıştırın. Yumurtayı, ardından unu, hurmaları ve fındıkları ekleyip karıştırın, eğer karışım çok katıysa biraz süt ekleyin. Yağlanmış 30 x 20 cm/12 x 8 kalıba dökün ve önceden ısıtılmış 180°C/350°F/termostat 4 fırında 30 dakika, yaylanıncaya kadar pişirin. Soğumaya bırakın.

Çikolatayı, hafifçe kaynayan su dolu bir tencerenin üzerinde ısıya dayanıklı bir kapta eritin. Karışımı yayıp soğumaya ve sertleşmeye bırakın. Keskin bir bıçakla çubuklar halinde kesin.

# İncir çubukları

16 yap

8 oz/225 gr doğranmış taze incir

30 ml/2 yemek kaşığı berrak bal

15 ml / 1 yemek kaşığı limon suyu

225 g/8 oz/2 su bardağı tam buğday unu (tam buğday).

225 g/8 oz/2 su bardağı yulaf ezmesi

225 g/8 oz/1 bardak tereyağı veya margarin

75 g/3 oz/1/3 su bardağı tatlı esmer şeker

İncir, bal ve limon suyunu kısık ateşte 5 dakika kaynatın. Biraz soğumaya bırakın. Unu ve yulafı karıştırın, ardından tereyağı veya margarini ekleyip şekeri karıştırın. Karışımın yarısını yağlanmış 20 cm'lik kare kalıba bastırın, ardından incir karışımını üstüne dökün. Kalan kek karışımını üstüne dökün ve iyice bastırın. Önceden ısıtılmış fırında 180°C/350°F/termostat 4'te 30 dakika altın rengi oluncaya kadar pişirin. Tavada soğumaya bırakın ve henüz sıcakken dilimleyin.

# *Flapjack'ler*

16 yap

75 g/3 oz/1/3 bardak tereyağı veya margarin

50 g/2 oz/3 yemek kaşığı altın şurubu (hafif mısır)

100g/4oz/½ bardak tatlı esmer şeker

175g/6oz/1½ bardak yulaf ezmesi

Tereyağı veya margarini şurup ve şekerle birlikte eritin, ardından yulafı ekleyin. Yağlanmış 8/20 cm'lik kare bir tavaya bastırın ve önceden 180°C/350°F/termostat 4'e ısıtılmış fırında hafifçe altın rengi oluncaya kadar yaklaşık 20 dakika pişirin. Çubuklara kesmeden önce hafifçe soğumaya bırakın, ardından kalıptan çıkarmadan önce tavada tamamen soğumaya bırakın.

# *Kiraz Flapjack'leri*

16 yap

75 g/3 oz/1/3 bardak tereyağı veya margarin

50 g/2 oz/3 yemek kaşığı altın şurubu (hafif mısır)

100g/4oz/½ bardak tatlı esmer şeker

175g/6oz/1½ bardak yulaf ezmesi

100g/4oz/1 bardak sırlı (şekerlenmiş) kiraz, doğranmış

Tereyağı veya margarini şurup ve şekerle birlikte eritin, ardından yulaf ve vişneyi ekleyerek karıştırın. Yağlanmış 8"/20cm'lik kare bir tavaya (tepsiye) bastırın ve önceden ısıtılmış fırında 350°F/180°C/termostat 4'te hafifçe altın rengi oluncaya kadar yaklaşık 20 dakika pişirin. Çubuklara kesmeden önce hafifçe soğumaya bırakın, ardından soğumaya bırakın. kalıptan çıkarmadan önce tamamen tavada.

# Çikolatalı flapjackler

16 yap

75 g/3 oz/1/3 bardak tereyağı veya margarin

50 g/2 oz/3 yemek kaşığı altın şurubu (hafif mısır)

100g/4oz/½ bardak tatlı esmer şeker

175g/6oz/1½ bardak yulaf ezmesi

100g/4oz/1 bardak çikolata parçacıkları

Tereyağı veya margarini şurup ve şekerle birlikte eritin, ardından yulaf ve çikolata parçacıklarını karıştırın. Yağlanmış 8"/20 cm'lik kare bir kalıba bastırın ve önceden ısıtılmış fırında 350°F/180°C/termostat 4'te hafifçe altın rengi oluncaya kadar yaklaşık 20 dakika pişirin. Çubuklara kesmeden önce hafifçe soğumaya bırakın, ardından fırında tamamen soğumaya bırakın. kalıptan çıkarmadan önce tavayı boşaltın.

# *Meyveli turtalar*

16 yap

75 g/3 oz/1/3 bardak tereyağı veya margarin

100g/4oz/½ bardak tatlı esmer şeker

50 g/2 oz/3 yemek kaşığı altın şurubu (hafif mısır)

175g/6oz/1½ bardak yulaf ezmesi

75 g/3 oz/½ bardak kuru üzüm, kuru üzüm veya diğer sert kabuklu yemişler

Tereyağı veya margarini şeker ve şurupla birlikte eritin, ardından yulaf ve kuru üzümleri ekleyerek karıştırın. Yağlanmış 8"/20cm'lik kare bir tavaya (tepsiye) bastırın ve önceden ısıtılmış fırında 350°F/180°C/termostat 4'te hafifçe altın rengi oluncaya kadar yaklaşık 20 dakika pişirin. Çubuklara kesmeden önce hafifçe soğumaya bırakın, ardından soğumaya bırakın. kalıptan çıkarmadan önce tamamen tavada.

# *Meyve ve fındıklı flapjackler*

16 yap

75 g/3 oz/1/3 bardak tereyağı veya margarin

100 g/4 oz/1/3 bardak berrak bal

50 gr/2 oz/1/3 bardak kuru üzüm

50 g/2 oz/½ bardak ceviz, doğranmış

175g/6oz/1½ bardak yulaf ezmesi

Tereyağını veya margarini balla birlikte kısık ateşte eritin. Kuru üzüm, fındık ve yulafı karıştırıp iyice karıştırın. Yağlanmış 23 cm'lik kare kalıba dökün ve önceden ısıtılmış 180°C/350°F/termostat 4 fırında 25 dakika pişirin. Tavada soğumaya bırakın, hala sıcakken çubuklar halinde kesin.

# *Zencefilli Flapjack'ler*

16 yap

75 g/3 oz/1/3 bardak tereyağı veya margarin

100g/4oz/½ bardak tatlı esmer şeker

Bir kavanoz zencefilden 50 gr/3 yemek kaşığı şurup

175g/6oz/1½ bardak yulaf ezmesi

4 parça zencefil sapı, ince doğranmış

Tereyağı veya margarini şeker ve şurupla birlikte eritin, ardından yulaf ve zencefili ekleyerek karıştırın. Yağlanmış 8"/20 cm'lik kare bir kalıba bastırın ve önceden ısıtılmış fırında 350°F/180°C/termostat 4'te hafifçe altın rengi oluncaya kadar yaklaşık 20 dakika pişirin. Çubuklara kesmeden önce hafifçe soğumaya bırakın, ardından fırında tamamen soğumaya bırakın. kalıptan çıkarmadan önce tavayı boşaltın.

# *Cevizli flapjack*

16 yap

75 g/3 oz/1/3 bardak tereyağı veya margarin

50 g/2 oz/3 yemek kaşığı altın şurubu (hafif mısır)

100g/4oz/½ bardak tatlı esmer şeker

175g/6oz/1½ bardak yulaf ezmesi

100g/4oz/1 bardak kıyılmış karışık fındık

Tereyağını veya margarini şurup ve şekerle eritin, ardından yulaf ve fındıkları ekleyerek karıştırın. Yağlanmış 8"/20 cm'lik kare bir kalıba bastırın ve önceden ısıtılmış fırında 350°F/180°C/termostat 4'te hafifçe altın rengi oluncaya kadar yaklaşık 20 dakika pişirin. Çubuklara kesmeden önce hafifçe soğumaya bırakın, ardından fırında tamamen soğumaya bırakın. kalıptan çıkarmadan önce tavayı boşaltın.

# Çıtır Limonlu Tereyağlı Kurabiye

16 yap

100g/4oz/1 su bardağı sade un (çok amaçlı)

100g/4oz/½ bardak tereyağı veya margarin, yumuşatılmış

75g/3oz/½ bardak krema (şekerleme) şekeri, elenmiş

2,5 ml/½ çay kaşığı kabartma tozu

Bir tutam tuz

30ml/2 yemek kaşığı limon suyu

10 ml/2 çay kaşığı rendelenmiş limon kabuğu rendesi

Un, tereyağı veya margarini, pudra şekerini ve kabartma tozunu karıştırın. Yağlanmış 9"/23cm kare kalıba bastırın ve önceden ısıtılmış fırında 350°F/180°C/termostat 4'te 20 dakika pişirin.

Geri kalan malzemeleri birleştirin ve hafif ve kabarık olana kadar çırpın. Sıcak suyu dökün, fırın sıcaklığını 160°C/325°F/termostat 3'e düşürün ve yumuşayana kadar 25 dakika daha fırına geri dönün. Soğumaya bırakın ve ardından kareler halinde kesin.

# *Süet ve Hindistan cevizi fayansları*

20 yap

1 yumurta

100g/4oz/½ bardak pudra şekeri (süper ince).

100g/4oz/1 su bardağı sade un (çok amaçlı)

10 ml / 2 yemek kaşığı kabartma tozu

Bir tutam tuz

75ml/5 yemek kaşığı süt

75 g/3 oz/1/3 bardak tereyağı veya margarin, eritilmiş

15ml/1 yemek kaşığı kakao tozu (şekersiz çikolata).

2,5 ml/½ çay kaşığı vanilya özü (ekstresi)

### Süslemek için:

75g/3oz/½ bardak krema (şekerleme) şekeri, elenmiş

2 oz/¼ bardak/50 g tereyağı veya margarin, eritilmiş

45ml/3 yemek kaşığı sıcak, koyu siyah kahve

15ml/1 yemek kaşığı kakao tozu (şekersiz çikolata).

2,5 ml/½ çay kaşığı vanilya özü (ekstresi)

25 g/1 oz/¼ bardak kurutulmuş hindistan cevizi (kıyılmış)

Yumurtaları ve şekeri hafif ve kabarık hale gelinceye kadar karıştırın. Un, kabartma tozu ve tuzu, süt ve eritilmiş tereyağı veya margarinle dönüşümlü olarak ekleyin. Kakao ve vanilya özünü ekleyin. Karışımı yağlanmış 8"/20cm'lik kare bir kalıba dökün ve önceden ısıtılmış fırında 200°C/400°F/termostat 6'da iyice kabarıncaya ve dokunulduğunda esnek hale gelinceye kadar 15 dakika pişirin.

İçi hazırlamak için pudra şekeri, tereyağı veya margarini, kahveyi, kakaoyu ve vanilya özünü birleştirin. Sıcak kekin üzerine dökün ve üzerine hindistan cevizi serpin. Tavada soğumaya bırakın, ardından kalıptan çıkarın ve kareler halinde kesin.

# Merhaba Dolly Kurabiyeleri

16 yap

100g/4oz/½ bardak tereyağı veya margarin

100g/4oz/1 bardak Sindirim Bisküvisi

(Graham kraker kırıntıları

100g/4oz/1 bardak çikolata parçacıkları

100g/4oz/1 su bardağı kurutulmuş hindistan cevizi (rendelenmiş)

100g/4oz/1 su bardağı kıyılmış ceviz

400g/14oz/1 büyük kutu yoğunlaştırılmış süt

Tereyağını veya margarini eritip kurabiye kırıntılarını ekleyip karıştırın. Karışımı yağlanmış ve folyo kaplı 28 x 18 cm/11 x 7 somun tepsisinin tabanına bastırın. Üzerine çikolata parçacıklarını, ardından hindistan cevizini ve son olarak cevizi serpiyorum. Yoğunlaştırılmış sütü dökün ve önceden ısıtılmış fırında 180°C/350°F/termostat 4'te 25 dakika pişirin. Hala sıcakken dilimleyin ve tamamen soğumaya bırakın.

# Hindistan cevizi ve çikolata barları

12 yap

75g/3oz/¾ bardak sütlü çikolata

75 g/3 oz/¾ bardak sade çikolata (yarı tatlı)

75 g/3 oz/1/3 bardak çıtır fıstık ezmesi

3 oz/¾ bardak/75 gr sindirimi kolaylaştıran kraker kırıntıları (graham krakerleri)

3 oz/¾ bardak ceviz, ezilmiş

75 g/3 oz/¾ bardak kurutulmuş hindistan cevizi (kıyılmış)

75 g/3 oz/¾ bardak beyaz çikolata

Sütlü çikolatayı, hafifçe kaynayan su dolu bir tencerenin üzerinde ısıya dayanıklı bir kapta eritin. 23 cm çapındaki kare kalıbın tabanını yağlayıp sertleşmesini sağlayın.

Bitter çikolatayı ve fıstık ezmesini kısık ateşte yavaşça eritin, ardından kurabiye kırıntılarını, cevizi ve hindistan cevizini ekleyip karıştırın. Sertleşmiş çikolatanın üzerine dökün ve sertleşene kadar buzdolabında saklayın.

Beyaz çikolatayı, hafifçe kaynayan su dolu bir tencerenin üzerinde ısıya dayanıklı bir kapta eritin. Kurabiyeleri bir desen halinde serpin ve çubuklar halinde kesmeden önce sertleşmesini bekleyin.

# *Fındık kutuları*

12 yap

75 g/3 oz/¾ bardak sade çikolata (yarı tatlı)

2 oz/¼ bardak/50 gr tereyağı veya margarin

100g/4oz/½ bardak pudra şekeri (süper ince).

2 yumurta

5 ml/1 çay kaşığı vanilya özü (ekstresi)

75 g/3 oz/¾ bardak sade un (çok amaçlı)

2,5 ml/½ çay kaşığı kabartma tozu

100g/4oz/1 bardak kıyılmış karışık fındık

Çikolatayı, hafifçe kaynayan su dolu bir tencerenin üzerinde ısıya dayanıklı bir kapta eritin. Tereyağı eriyene kadar karıştırın, ardından şekeri ekleyin. Ocaktan alıp yumurtaları ve vanilya özünü karıştırın. Unu, kabartma tozunu ve fındıkları karıştırın. Karışımı 25 cm'lik (10 kare) bir kalıba dökün ve önceden ısıtılmış 180°C/350°F/termostat 4 fırında 15 dakika altın rengi oluncaya kadar pişirin. Hala sıcakken küçük kareler halinde kesin.

# *Portakallı ceviz dilimleri*

16 yap

375 g/13 oz/3¾ bardak sade un (çok amaçlı)

275g/10oz/1¼ bardak pudra şekeri (süper ince).

5 ml/1 yemek kaşığı kabartma tozu

75 g/3 oz/1/3 bardak tereyağı veya margarin

2 yumurta, dövülmüş

175 ml/6 fl oz/¾ bardak süt

1 küçük kutu/7oz/200g mandalina, süzülmüş ve iri doğranmış

100g/4oz/1 su bardağı kıyılmış ceviz

2 portakalın ince kabuğu rendesi

10 ml/2 çay kaşığı öğütülmüş tarçın

3 su bardağı/12 oz/325 gr un, 1 su bardağı/8 oz/225 gr şeker ve kabartma tozunu karıştırın. ¼ fincan/2 oz/50 g tereyağı veya margarini eritin ve yumurtaları ve sütü ekleyerek karıştırın. Sıvıyı pürüzsüz hale gelinceye kadar kuru malzemelerle yavaşça karıştırın. Mandalinaları, cevizleri ve portakal kabuğu rendesini karıştırın. Yağlanmış ve unlanmış 30x20 cm'lik bir tavaya dökün. Kalan un, şeker, tereyağı ve tarçını ovalayıp kekin üzerine serpin. Önceden ısıtılmış fırında 180°C/350°F/termostat 4'te 40 dakika altın rengi oluncaya kadar pişirin. Tavada soğumaya bırakın ve yaklaşık 16 dilime kesin.

# *Park*

16 kare yapar

100 g/4 oz/½ bardak domuz filetosu (kısa)

100g/4oz/½ bardak tereyağı veya margarin

75 g/3 oz/1/3 su bardağı tatlı esmer şeker

100 g/4 oz/1/3 bardak altın şurubu (hafif mısır)

100 g/4 oz/1/3 bardak koyu şurup (pekmez)

10 ml/2 çay kaşığı karbonat (kabartma tozu)

150 ml/¼ pt/2/3 su bardağı süt

225 g/8 oz/2 su bardağı tam buğday unu (tam buğday).

225 g/8 oz/2 su bardağı yulaf ezmesi

10 ml/2 çay kaşığı öğütülmüş zencefil

2,5 ml/½ çay kaşığı tuz

Tereyağı, tereyağı veya margarin, şeker, şurup ve şurubu bir tencerede eritin. Sodyum bikarbonatı sütte eritin ve tencerede diğer malzemelerle karıştırın. Yağlanmış ve astarlı 20cm/8" kare kalıba dökün ve önceden 325°F/160°C/termostat 3'e ısıtılmış fırında sertleşene kadar 1 saat pişirin. Ortasına düşebilir. Soğumaya bırakın ve sonra bir süre saklayın. dilimlemeden ve servis yapmadan önce birkaç gün hava geçirmez bir kapta saklayın.

# *Fıstık Ezmesi Barlar*

16 yap

100g/4oz/1 su bardağı tereyağı veya margarin

175 g/6 oz/1¼ bardak sade un (çok amaçlı)

175g/6oz/¾ bardak tatlı esmer şeker

75 g/3 oz/1/3 bardak fıstık ezmesi

Bir tutam tuz

1 küçük yumurta sarısı, çırpılmış

2,5 ml/½ çay kaşığı vanilya özü (ekstresi)

100 g/4 oz/1 bardak sade çikolata (yarı tatlı)

2 oz/50 gr şişirilmiş pirinç gevreği

Karışım ekmek kırıntısı görünümüne gelinceye kadar tereyağı veya margarini unun içine sürün. Şekeri, 2 yemek kaşığı / 30 ml fıstık ezmesini ve tuzu karıştırın. Yumurta sarısını ve vanilya özünü ekleyin ve iyice birleşene kadar karıştırın. 25 cm/10 inçlik kare bir tavaya bastırın. Önceden ısıtılmış fırında 160°C/325°F/termostat 3'te 30 dakika, kabarık ve dokunulduğunda esnek hale gelinceye kadar pişirin.

Çikolatayı, hafifçe kaynayan su dolu bir tencerenin üzerinde ısıya dayanıklı bir kapta eritin. Ateşten alın ve kalan fıstık ezmesini ekleyerek karıştırın. Tahılları karıştırın ve çikolata karışımıyla kaplanana kadar iyice karıştırın. Pastayı dökün ve yüzeyi düzeltin. Soğumaya bırakın, ardından soğutun ve çubuklar halinde kesin.

# *Piknik tabakları*

12 yap

225 g/8 oz/2 bardak sade çikolata (yarı tatlı).

2 oz/¼ bardak/50 g tereyağı veya margarin, yumuşatılmış

100g/4oz/½ bardak toz şeker

1 yumurta, hafifçe çırpılmış

100g/4oz/1 su bardağı kurutulmuş hindistan cevizi (rendelenmiş)

50 g/2 oz/1/3 su bardağı kuru üzüm (altın kuru üzüm)

2 oz/50 g/¼ bardak sırlı (şekerlenmiş) kiraz, doğranmış

Çikolatayı, hafifçe kaynayan su dolu bir tencerenin üzerinde ısıya dayanıklı bir kapta eritin. Yağlanmış ve astarlı 30 x 20 cm / 12 x 8 Swiss Roll kalıbının tabanına dökün. Tereyağı veya margarini ve şekeri hafif ve kabarık hale gelinceye kadar karıştırın. Yumurtayı azar azar ekleyin ve ardından hindistancevizi, kuru üzüm ve vişneyi ekleyerek karıştırın. Çikolatayı üzerine dökün ve önceden ısıtılmış 150°C/300°F/termostat 3 fırında 30 dakika altın rengi oluncaya kadar pişirin. Soğumaya bırakın ve ardından dilimler halinde kesin.

# Ananas ve Hindistan cevizi ikram edildi

20 yap

1 yumurta

100g/4oz/½ bardak pudra şekeri (süper ince).

75 g/3 oz/¾ bardak sade un (çok amaçlı)

5 ml/1 yemek kaşığı kabartma tozu

Bir tutam tuz

75ml/5 yemek kaşığı su

Süslemek için:

200g/7oz/1 küçük kutu ananas, suyu süzülmüş ve doğranmış

25 g/1 oz/2 yemek kaşığı tereyağı veya margarin

50g/2oz/¼ bardak pudra şekeri (süper ince).

1 yumurta sarısı

25 g/1 oz/¼ bardak kurutulmuş hindistan cevizi (kıyılmış)

5 ml/1 çay kaşığı vanilya özü (ekstresi)

Yumurtaları ve şekeri berrak ve rengi açılana kadar çırpın. Un, kabartma tozu ve tuzu su ile dönüşümlü olarak ekleyin. Yağlanmış ve unlanmış 18 cm'lik kare bir kalıba dökün ve önceden ısıtılmış fırında 400°F/200°C/termostat 6'da iyice kabarıncaya ve dokunulduğunda yaylanıncaya kadar 20 dakika pişirin. Ananası sıcak kekin üzerine yerleştirin. Doldurma malzemelerinin geri kalanını küçük bir tencerede kısık ateşte sürekli karıştırarak iyice birleşene kadar ısıtın, ancak karışımın kaynamasına izin vermeyin. Ananasın üzerine dökün ve üst kısmı altın rengi kahverengi olana kadar pastayı 5 dakika daha fırına geri koyun. 10 dakika kadar tavada soğumaya bırakın,

# *Erikli mayalı kek*

16 yap

15 g/½ oz taze maya veya 20 ml/4 yemek kaşığı kuru maya

50g/2oz/¼ bardak pudra şekeri (süper ince).

¼ pt/150 ml/2/3 su bardağı sıcak süt

2 oz/¼ bardak/50 g tereyağı veya margarin, eritilmiş

1 yumurta

1 yumurta sarısı

2¼ bardak/9 oz/250 gr sade un (çok amaçlı)

5 ml/1 çay kaşığı ince rendelenmiş limon kabuğu rendesi

1½ lb / 675 g erik, dörde bölünmüş ve çekirdekleri çıkarılmış (çekirdeği çıkarılmış)

Üzerine serpmek için elenmiş pudra şekeri

öğütülmüş tarçın

Mayayı 5ml/1 yemek kaşığı şeker ve biraz ılık sütle karıştırın ve ılık bir yerde köpürene kadar 20 dakika bekletin. Kalan şekeri ve sütü eritilmiş tereyağı veya margarin, yumurta ve yumurta sarısı ile çırpın. Unu ve limon kabuğu rendesini bir kasede karıştırıp ortasını havuz şeklinde açın. Pürüzsüz bir hamur elde edene kadar maya karışımını ve yumurta karışımını yavaş yavaş karıştırın. Hamur çok pürüzsüz hale gelinceye ve yüzeyde kabarcıklar oluşmaya başlayana kadar çırpın. Yağlanmış ve unlanmış 25cm/10" kare tavaya (form) hafifçe bastırın. Erikleri hamurun üzerine sıkıca yerleştirin. Yağlanmış plastik ambalajla (plastik ambalaj) örtün ve boyutunun iki katına çıkana kadar sıcak bir yerde 1 saat mayalanmaya bırakın. .Önceden ısıtılmış 200°C/400°F/termostat 6 fırında pişirin, ardından fırın sıcaklığını hemen 190°C/375°F/termostat 5'e düşürün ve 45 dakika pişirin.Fırın sıcaklığını tekrar 180°C'ye düşürün.

/350°F/termostat 4 ve altın rengi olana kadar 15 dakika daha pişirin. Hala sıcakken pastanın üzerine pudra şekeri ve tarçın serpin, soğumaya bırakın ve kareler halinde kesin.

# *Amerikan Balkabağı Barları*

20 yap

2 yumurta

175g/6oz/¾ bardak pudra şekeri (süper ince).

120 ml/4 oz/½ bardak yağ

225g/8oz doğranmış pişmiş kabak

100g/4oz/1 su bardağı sade un (çok amaçlı)

5 ml/1 yemek kaşığı kabartma tozu

5 ml/1 çay kaşığı öğütülmüş tarçın

2,5 ml/½ çay kaşığı kabartma tozu (kabartma tozu)

50 g/2 oz/1/3 su bardağı kuru üzüm (altın kuru üzüm)

Krem peynirli buzlanma

Yumurtaları hafif ve köpüklü bir şekilde çırpın, ardından şekeri ve yağı karıştırıp balkabağını karıştırın. Unu, kabartma tozunu, tarçını ve karbonatı iyice birleşene kadar çırpın. Sultanlara dokunun. Karışımı yağlanmış ve unlanmış 30 x 20 cm/12 x 8 cm kelepçeli kalıba dökün ve önceden ısıtılmış 180°C/350°F/termostat 4 fırında 30 dakika ortasına batırdığınız kürdan temiz çıkana kadar pişirin. Soğumaya bırakın, ardından krem peynirli kremayı sürün ve çubuklar halinde kesin.

# *Ayva ve badem barları*

16 yap

450g/1lb ayva

50 g/2 oz/¼ bardak domuz filetosu (kısa)

2 oz/¼ bardak/50 gr tereyağı veya margarin

100g/4oz/1 su bardağı sade un (çok amaçlı)

30 ml/2 yemek kaşığı pudra şekeri (süper ince).

Yaklaşık 30 ml / 2 yemek kaşığı su

Dolgu için:

75 g/3 oz/1/3 su bardağı tereyağı veya margarin, yumuşatılmış

100g/4oz/½ bardak pudra şekeri (süper ince).

2 yumurta

Birkaç damla badem özü (özü)

100g/4oz/1 su bardağı öğütülmüş badem

25 g/1 oz/¼ bardak sade un (çok amaçlı)

50 g/2 oz/½ bardak pullanmış badem

Ayvaları soyun, çekirdeklerini çıkarın ve ince ince doğrayın. Bir tencereye koyun ve üzerini sadece suyla örtün. Kaynatın ve yumuşayana kadar yaklaşık 15 dakika pişirin. Fazla suyu boşaltın.

Karışım ekmek kırıntısına benzeyene kadar domuz yağı ve tereyağı veya margarini unun içine sürün. Şekeri karıştırın. Yumuşak bir hamur elde edinceye kadar yeterli su ekleyin, ardından hafifçe unlanmış bir yüzeye çıkarın ve 12 x 8/30 x 20 cm'lik bir tavanın altını ve yanlarını hizalamak için kullanın. Çatalla delin. Delikli bir kaşık kullanarak ayvaları hamurun üzerine dizin.

Tereyağı veya margarini ve şekeri karıştırın ve yavaş yavaş yumurtaları ve badem özünü ekleyin. Öğütülmüş bademleri ve unu ekleyip ayvaların üzerine dökün. Üzerine file badem serpin ve önceden ısıtılmış 180°C/350°F/termostat 4 fırında 45 dakika sertleşip altın rengi oluncaya kadar pişirin. Soğuduktan sonra karelere kesin.

# *Kuru üzüm çubukları*

12 yap

175 g/6 oz/1 bardak kuru üzüm

250 ml/8 oz/1 bardak su

75ml/5 yemek kaşığı yağ

225g/8oz/1 su bardağı pudra şekeri (süper ince).

1 yumurta, hafifçe çırpılmış

200g/7oz/1¾ bardak sade un (çok amaçlı)

1,5 ml/¼ çay kaşığı tuz

5ml/1 çay kaşığı karbonat (kabartma tozu)

5 ml/1 çay kaşığı öğütülmüş tarçın

2,5ml/½ çay kaşığı rendelenmiş hindistan cevizi

2,5 ml/½ çay kaşığı öğütülmüş biber

Bir tutam öğütülmüş karanfil

50g/2oz/½ bardak çikolata parçacıkları

50 g/2 oz/½ bardak ceviz, doğranmış

2 yemek kaşığı / 30 ml pudra şekeri (şekerleme), elenmiş

Kuru üzümleri ve suyu kaynatın, ardından yağı ekleyin, ocaktan alın ve biraz soğumaya bırakın. Toz şeker ve yumurtayı ekleyip karıştırın. Un, tuz, karbonat ve baharatları karıştırın. Kuru üzüm karışımını karıştırın, ardından çikolata parçacıkları ve cevizleri karıştırın. Yağlanmış 12"/30cm'lik kare kalıba dökün ve önceden ısıtılmış fırında 375°F/190°C/termostat 5'te 25 dakika, kek kalıbın kenarları etrafında büzülmeye başlayana kadar pişirin. Üzerine krema serpmeden önce soğumaya bırakın. şeker ve çubuklar halinde kesin.

# *Ahududulu yulaf ezmesi kareleri*

12 yap

175 g/6 oz/¾ fincan tereyağı veya margarin

225 g/8 oz/2 bardak kendiliğinden kabaran un (kendiliğinden kabaran)

5 ml/1 yemek kaşığı tuz

175g/6oz/1½ bardak yulaf ezmesi

175g/6oz/¾ bardak pudra şekeri (süper ince).

11oz/300g orta boy ahududu konservesi, süzülmüş

Tereyağı veya margarini un ve tuza sürün, ardından yulaf ve şekeri ekleyip karıştırın. Karışımın yarısını yağlanmış 10/25cm kare tavaya bastırın. Ahududuları üstüne yerleştirin ve karışımın geri kalanıyla sıkıca bastırarak kaplayın. Önceden ısıtılmış fırında 200°C/400°F/termostat 6'da 20 dakika pişirin. Karelere kesmeden önce tavada hafifçe soğumaya bırakın.

# *Tarçınlı beze*

24 yap

75g/3oz/½ bardak krema (şekerleme) şekeri, elenmiş

100g/4oz/1 su bardağı sade un (çok amaçlı)

100g/4oz/½ bardak tereyağı veya margarin, yumuşatılmış

1 yumurta

225 g/8 oz/2/3 bardak reçel (konserve meyve)

2 yumurta akı

100g/4oz/½ bardak pudra şekeri (süper ince).

2,5 ml/½ çay kaşığı öğütülmüş tarçın

Pudra şekeri, un, tereyağı veya margarin ve yumurtaları karıştırın. Karışımı yağlanmış 25 cm'lik kare kalıbın tabanına bastırın ve önceden ısıtılmış 180°C/350°F/termostat 4 fırında 10 dakika pişirin. Fırından çıkarıp üzerine reçeli yayın. Yumurta aklarını yumuşak zirveler oluşana kadar çırpın, ardından toz şeker ve tarçını sert ve parlak bir hale gelinceye kadar karıştırın. Reçeli üstüne yayın ve altın rengi olana kadar 25 dakika fırına geri dönün. Soğumaya bırakın ve ardından kareler halinde kesin.

# Buzlanma Buzlanma

8"/20 cm'lik bir pastayı kaplayacak kadar

2/3 bardak/4 oz/100 gr toz (şekerleme) şekeri, elenmiş

25-30ml/1½-2 yemek kaşığı su

Birkaç damla gıda boyası (isteğe bağlı)

Şekeri bir kaseye dökün ve sır homojen hale gelinceye kadar suyla azar azar karıştırın. İsterseniz birkaç damla gıda boyası ile renklendirin. Don, soğuk kurabiyelerin üzerine sürülürse opak, sıcak kurabiyelerin üzerine sürülürse yarı saydam olacaktır.

# Buzlu kahve buzlanma

8"/20 cm'lik bir pastayı kaplayacak kadar

2/3 bardak/4 oz/100 gr toz (şekerleme) şekeri, elenmiş

25–30 ml/1½–2 yemek kaşığı çok koyu siyah kahve

Şekeri bir kaseye dökün ve krema pürüzsüz hale gelinceye kadar kahveyi azar azar karıştırın.

# Limon sır

8"/20 cm'lik bir pastayı kaplayacak kadar

2/3 bardak/4 oz/100 gr toz (şekerleme) şekeri, elenmiş

25-30ml/1½-2 yemek kaşığı limon suyu

1 limonun ince rendelenmiş kabuğu

Şekeri bir kaseye koyun ve limon suyuyla kabuğunu azar azar karıştırarak sır homojen hale gelinceye kadar karıştırın.

# Turuncu Sır

8"/20 cm'lik bir pastayı kaplayacak kadar

2/3 bardak/4 oz/100 gr toz (şekerleme) şekeri, elenmiş

25–30 ml/1½–2 yemek kaşığı portakal suyu

1 portakalın ince rendelenmiş kabuğu

Şekeri bir kaba koyun ve portakal suyuyla kabuğunu azar azar karıştırarak sır pürüzsüz hale gelinceye kadar karıştırın.

# Buzlu Rum Buzlanma

8"/20 cm'lik bir pastayı kaplayacak kadar

2/3 bardak/4 oz/100 gr toz (şekerleme) şekeri, elenmiş

25-30ml/1½-2 yemek kaşığı rom

Şekeri bir kaseye koyun ve krema pürüzsüz hale gelinceye kadar romu azar azar ekleyerek karıştırın.

# Dondurulmuş vanilyalı buzlanma

8"/20 cm'lik bir pastayı kaplayacak kadar

2/3 bardak/4 oz/100 gr toz (şekerleme) şekeri, elenmiş

25 ml / 1½ yemek kaşığı su

Birkaç damla vanilya özü (özü)

Şekeri bir kaseye koyun ve su ile vanilya özünü azar azar karıştırarak dondurma pürüzsüz hale gelinceye kadar karıştırın.

# Fırında çikolatalı buzlanma

9"/23 cm'lik bir pastayı kaplayacak kadar

275g/10oz/1¼ bardak pudra şekeri (süper ince).

100 g/4 oz/1 bardak sade çikolata (yarı tatlı)

50g/2oz/¼ bardak kakao tozu (şekersiz çikolata)

120 ml/4 oz/½ bardak su

Tüm malzemeleri iyice karışana kadar karıştırarak kaynatın. 108°C/220°F'ye kadar veya iki çay kaşığı arasında çekildiğinde uzun bir ip oluşana kadar orta ateşte pişirin. Geniş bir kaseye dökün ve kalın ve parlak oluncaya kadar çırpın.

# Çikolata ve Hindistan cevizi dolgusu

9"/23 cm'lik bir pastayı kaplayacak kadar

175g/6oz/1½ bardak sade çikolata (yarı tatlı)

90ml/6 yemek kaşığı kaynar su

225 g/8 oz/2 su bardağı kurutulmuş hindistan cevizi (kıyılmış)

Çikolatayı ve suyu bir blender veya mutfak robotunda öğütün, ardından hindistan cevizini ekleyin ve pürüzsüz hale gelinceye kadar karıştırın. Henüz sıcakken sade kurabiyelerin üzerine serpin.

# Karamel tepesi

9"/23 cm'lik bir pastayı kaplayacak kadar

2 oz/¼ bardak/50 gr tereyağı veya margarin

45ml/3 yemek kaşığı kakao tozu (şekersiz çikolata).

60ml/4 yemek kaşığı süt

2½ bardak/15 oz/425 g pudra şekeri (şekerleme) şekeri, elenmiş

5 ml/1 çay kaşığı vanilya özü (ekstresi)

Tereyağını veya margarini küçük bir tencerede eritin ve ardından kakao ve sütü ekleyip karıştırın. Sürekli karıştırarak kaynatın, ardından ocaktan alın. Şekeri ve vanilya özünü azar azar ekleyip pürüzsüz hale gelinceye kadar çırpın.

# Tatlı krem peynir dolgusu

12"/30cm'lik bir pastayı kaplayacak kadar

100g/4oz/½ bardak krem peynir

25g/1oz/2 yemek kaşığı tereyağı veya margarin, yumuşatılmış

2 bardak/12 oz/350 gr toz (şekerleme) şekeri, elenmiş

5 ml/1 çay kaşığı vanilya özü (ekstresi)

30ml/2 yemek kaşığı berrak bal (isteğe bağlı)

Krem peyniri ve tereyağı veya margarini hafif ve kabarık hale gelinceye kadar çırpın. Yavaş yavaş şekeri ve vanilya özünü pürüzsüz hale gelinceye kadar karıştırın. İstenirse biraz bal ile tatlandırın.

# Amerikan Kadife Buzlanma

İki adet 9"/23cm pastayı kaplayacak kadar

175g/6oz/1½ bardak sade çikolata (yarı tatlı)

120 ml / 4 fl oz / ½ su bardağı ekşi krema (laktik asit)

5 ml/1 çay kaşığı vanilya özü (ekstresi)

Bir tutam tuz

400g/14oz/21/3 bardak krema (şekerleme) şekeri, elenmiş

Çikolatayı, hafifçe kaynayan su dolu bir tencerenin üzerinde ısıya dayanıklı bir kapta eritin. Ocaktan alıp kremayı, vanilya özütünü ve tuzu karıştırın. Yavaş yavaş şekeri pürüzsüz hale gelinceye kadar karıştırın.

# tereyağlı krema

9"/23 cm'lik bir pastayı kaplayacak kadar

2 oz/¼ bardak/50 g tereyağı veya margarin, yumuşatılmış

250g/9oz/1½ su bardağı toz şeker (şekerleme), elenmiş

5 ml/1 çay kaşığı vanilya özü (ekstresi)

30ml/2 yemek kaşığı krema (hafif)

Tereyağı veya margarini pürüzsüz hale gelinceye kadar krema haline getirin, ardından şekeri, vanilya özünü ve kremayı pürüzsüz ve kremsi hale gelinceye kadar yavaş yavaş karıştırın.

# Karamel sır

9"/23 cm'lik bir pastayı doldurmaya ve kaplamaya yeterli

100g/4oz/½ bardak tereyağı veya margarin

225g/8oz/1 su bardağı tatlı esmer şeker

60ml/4 yemek kaşığı süt

2 bardak/12 oz/350 gr toz (şekerleme) şekeri, elenmiş

Tereyağı veya margarini ve şekeri kısık ateşte, sürekli karıştırarak birleşene kadar eritin. Sütü ekleyip kaynamaya bırakın. Isıdan çıkarın ve soğumaya bırakın. Pudra şekerini sürülebilir bir kıvama gelinceye kadar çırpın.

# Limon sır

9"/23 cm'lik bir pastayı kaplayacak kadar

25 g/1 oz/2 yemek kaşığı tereyağı veya margarin

5 ml/1 yemek kaşığı rendelenmiş limon kabuğu rendesi

30ml/2 yemek kaşığı limon suyu

250g/9oz/1½ su bardağı toz şeker (şekerleme), elenmiş

Tereyağı veya margarini ve limon kabuğu rendesini hafif ve kabarık hale gelinceye kadar karıştırın. Yavaş yavaş limon suyu ve şekeri pürüzsüz hale gelinceye kadar karıştırın.

# *Kahveli Tereyağlı Krema*

9"/23 cm'lik bir pastayı doldurmaya ve kaplamaya yeterli

1 yumurta beyazı

75 g/3 oz/1/3 su bardağı tereyağı veya margarin, yumuşatılmış

30ml/2 yemek kaşığı ılık süt

5 ml/1 çay kaşığı vanilya özü (ekstresi)

15ml/1 yemek kaşığı hazır kahve granülleri

Bir tutam tuz

2 bardak/12 oz/350 gr pudra şekeri (şekerleme) şekeri, elenmiş

Yumurta aklarını, tereyağı veya margarini, sıcak sütü, vanilya özünü, kahveyi ve tuzu karıştırın. Yavaş yavaş pudra şekerini pürüzsüz hale gelinceye kadar karıştırın.

# Leydi Baltimore Buzlanma

9"/23 cm'lik bir pastayı doldurmaya ve kaplamaya yeterli

1/3 bardak/2 oz/50 gr kuru üzüm, doğranmış

2 oz/50 g/¼ bardak sırlı (şekerlenmiş) kiraz, doğranmış

2 oz/½ bardak/50 gr doğranmış ceviz

25 g/1 oz/3 yemek kaşığı doğranmış kuru incir

2 yumurta akı

350g/12oz/1½ bardak pudra şekeri (süper ince).

Bir miktar tartar kreması

75ml/5 yemek kaşığı soğuk su

Bir tutam tuz

5 ml/1 çay kaşığı vanilya özü (ekstresi)

Kuru üzüm, kiraz, ceviz ve inciri birleştirin. Yumurta aklarını, şekeri, tartar kremasını, suyu ve tuzu, ısıya dayanıklı bir kapta, hafifçe kaynayan su dolu bir tencerenin üzerinde sert zirveler oluşuncaya kadar yaklaşık 5 dakika çırpın. Ateşten alın ve vanilya özüyle karıştırın. Meyveleri kremanın üçte birine karıştırın ve bunu pastayı doldurmak için kullanın, ardından geri kalanını pastanın üstüne ve yanlarına yayın.

# *beyaz sır*

9"/23 cm'lik bir pastayı kaplayacak kadar

225g/8oz/1 su bardağı pudra şekeri

1 yumurta beyazı

30 ml/2 yemek kaşığı su

15ml/1 yemek kaşığı altın şurubu (hafif mısır)

Şekeri, yumurta aklarını ve suyu, hafif kaynayan su dolu bir tencerenin üzerinde ısıya dayanıklı bir kapta karıştırın. Karışım koyulaşıp sert tepeler oluşana kadar 10 dakika kadar çırpmaya devam edin. Ateşten alıp şurubu ekleyin. Geniş bir kıvam alana kadar çırpmaya devam edin.

# *Kremsi beyaz buzlanma*

9"/23 cm'lik bir pastayı doldurmaya ve kaplamaya yeterli

75ml/5 yemek kaşığı krema (hafif)

5 ml/1 çay kaşığı vanilya özü (ekstresi)

75 g/3 oz/1/3 bardak krem peynir

2 yemek kaşığı/10 ml tereyağı veya margarin, yumuşatılmış

Bir tutam tuz

2 bardak/12 oz/350 gr toz (şekerleme) şekeri, elenmiş

Homojen bir macun elde edene kadar krema, vanilya özü, krem peynir, tereyağı veya margarin ve tuzu karıştırın. Yavaş yavaş pudra şekerini pürüzsüz hale gelinceye kadar karıştırın.

# *kabarık beyaz buzlanma*

9"/23 cm'lik bir pastayı doldurmaya ve kaplamaya yeterli

2 yumurta akı

350g/12oz/1½ bardak pudra şekeri (süper ince).

Bir miktar tartar kreması

75ml/5 yemek kaşığı soğuk su

Bir tutam tuz

5 ml/1 çay kaşığı vanilya özü (ekstresi)

Yumurta aklarını, şekeri, tartar kremasını, suyu ve tuzu, hafifçe kaynayan su dolu bir tencerenin üzerine yerleştirilmiş ısıya dayanıklı bir kapta, sert zirveler oluşuncaya kadar yaklaşık 5 dakika çırpın. Ateşten alın ve vanilya özüyle karıştırın. Pastayı katlamak için kullanın, ardından geri kalanını pastanın üstüne ve yanlarına yayın.

# *kahverengi şekerli buzlanma*

9"/23 cm'lik bir pastayı kaplayacak kadar

225g/8oz/1 su bardağı tatlı esmer şeker

1 yumurta beyazı

30 ml/2 yemek kaşığı su

5 ml/1 çay kaşığı vanilya özü (ekstresi)

Şekeri, yumurta aklarını ve suyu, hafif kaynayan su dolu bir tencerenin üzerinde ısıya dayanıklı bir kapta karıştırın. Karışım koyulaşıp sert tepeler oluşana kadar 10 dakika kadar çırpmaya devam edin. Ocaktan alıp vanilya özünü ekleyin. Geniş bir kıvam alana kadar çırpmaya devam edin.

# *Vanilyalı Tereyağlı Krema*

9"/23 cm'lik bir pastayı doldurmaya ve kaplamaya yeterli

1 yumurta beyazı

75 g/3 oz/1/3 su bardağı tereyağı veya margarin, yumuşatılmış

30ml/2 yemek kaşığı ılık süt

5 ml/1 çay kaşığı vanilya özü (ekstresi)

Bir tutam tuz

2 bardak/12 oz/350 gr pudra şekeri (şekerleme) şekeri, elenmiş

Yumurta aklarını, tereyağı veya margarini, sıcak sütü, vanilya özünü ve tuzu karıştırın. Yavaş yavaş pudra şekerini pürüzsüz hale gelinceye kadar karıştırın.

# *vanilyalı krema*

1 qt./2½ bardak/600 ml yapar

100g/4oz/½ bardak pudra şekeri (süper ince).

50 g/2 oz/¼ bardak mısır unu (mısır nişastası)

4 yumurta sarısı

600 ml/1 pt/2½ bardak süt

1 vanilya çubuğu (pod)

Üzerine serpmek için elenmiş pudra şekeri

Şekerin yarısını mısır unu ve yumurta sarısıyla iyice birleşene kadar çırpın. Geri kalan şekeri ve sütü vanilya çubuğuyla kaynatın. Şeker karışımını sıcak sütle çırpın, ardından tekrar kaynatın, koyulaşana kadar 3 dakika boyunca sürekli çırpın. Bir kaseye dökün, kabuk oluşumunu önlemek için üzerine pudra şekeri serpin ve soğumaya bırakın. Kullanmadan önce tekrar çırpın.

# muhallebi dolgusu

9"/23 cm'lik bir pastayı doldurmaya yetecek kadar

325 ml/11 oz/11/3 bardak süt

45ml/3 yemek kaşığı mısır unu (mısır nişastası)

60 g/2½ oz/1/3 su bardağı pudra şekeri (süper ince).

1 yumurta

15 ml/1 yemek kaşığı tereyağı veya margarin

5 ml/1 çay kaşığı vanilya özü (ekstresi)

30ml/2 yemek kaşığı sütü mısır unu, şeker ve yumurtayla karıştırın. Kalan sütü küçük bir tencerede kaynama noktasının hemen altına getirin. Sıcak sütü yavaş yavaş yumurta karışımına karıştırın. Tencereyi durulayın, ardından karışımı tavaya dökün ve koyulaşana kadar kısık ateşte karıştırın. Tereyağı veya margarin ve vanilya özünü ekleyin. Parşömen (mumlu) kağıtla örtün ve soğumaya bırakın.

# *Danimarka kreması dolgusu*

1¼ bardak/750ml yapar

2 yumurta

50g/2oz/¼ bardak pudra şekeri (süper ince).

50 g/2 oz/½ bardak sade un (çok amaçlı)

600 ml/1 pt/2½ bardak süt

¼ vanilya çubuğu (pod)

Yumurtaları ve şekeri koyulaşana kadar karıştırın. Unu azar azar ekleyin. Sütü ve vanilya çubuğunu kaynatın. Vanilya çubuğunu çıkarın ve sütü yumurta karışımına karıştırın. Tekrar tencereye alın ve sürekli karıştırarak 2-3 dakika pişirin. Kullanmadan önce soğumaya bırakın.

# *Zengin Danimarka muhallebi dolgusu*

1¼ bardak/750ml yapar

4 yumurta sarısı

30 ml/2 yemek kaşığı toz şeker

25ml/1½ yemek kaşığı sade un (çok amaçlı)

10 ml / 2 yemek kaşığı patates nişastası

450 ml/¾ pt/2 bardak ağır krema (hafif)

Birkaç damla vanilya özü (özü)

¼ pt/2/3 bardak/150 mL duble (ağır) krema, çırpılmış

Yumurta sarısını, şekeri, unu ve kremayı bir tencerede karıştırın. Karışım kalınlaşmaya başlayana kadar orta ateşte çırpın. Vanilya özünü ekleyip soğumaya bırakın. Çırpılmış kremayı karıştırın.

# *muhallebi*

1¼ fincan/½ pt/300ml yapar

2 yumurta, ayrılmış

45ml/3 yemek kaşığı mısır unu (mısır nişastası)

300 ml/½ pt/1¼ bardak süt

Birkaç damla vanilya özü (özü)

50g/2oz/¼ bardak pudra şekeri (süper ince).

Yumurta sarısını, mısır unu ve sütü küçük bir tencerede iyice karışana kadar birleştirin. Orta-yüksek ateşte kaynatın ve sürekli karıştırarak 2 dakika pişirin. Vanilya özünü ekleyip soğumaya bırakın.

Yumurta aklarını sertleşene kadar çırpın, ardından şekerin yarısını ekleyin ve sert tepeler oluşana kadar tekrar çırpın. Şekerin geri kalanını karıştırın. Krema karışımını çırpın ve kullanıma hazır olana kadar buzdolabında saklayın.

# *Zencefil kreması dolgusu*

9"/23 cm'lik bir pastayı doldurmaya yetecek kadar

100g/4oz/½ bardak tereyağı veya margarin, yumuşatılmış

450 g/1 lb/22/3 bardak krema (şekerleme) şekeri, elenmiş

5 ml/1 çay kaşığı öğütülmüş zencefil

30ml/2 yemek kaşığı süt

75 g/3 oz/¼ bardak koyu şurup (pekmez)

Tereyağı veya margarini şeker ve zencefille hafif ve kremsi bir kıvama gelinceye kadar çırpın. Sütü ve şurubu yavaş yavaş pürüzsüz ve yayılabilir hale gelinceye kadar karıştırın. Doldurma çok ince ise biraz daha şeker ekleyin.

# *Limon garnitürü*

8 fl oz/1 bardak/250 ml yapar

100g/4oz/½ bardak pudra şekeri (süper ince).

30ml/2 yemek kaşığı mısır unu (mısır nişastası)

60ml/4 yemek kaşığı limon suyu

15 ml / 1 yemek kaşığı rendelenmiş limon kabuğu rendesi

120 ml/4 oz/½ bardak su

Bir tutam tuz

15 ml/1 yemek kaşığı tereyağı veya margarin

Tereyağı veya margarin dışındaki tüm malzemeleri küçük bir tencerede, kısık ateşte, iyice birleşene kadar hafifçe karıştırarak birleştirin. Kaynatın ve 1 dakika pişirin. Tereyağı veya margarini karıştırın ve soğumaya bırakın. Kullanmadan önce soğutun.

# Çikolata sosu

10"/25cm'lik bir pastayı dondurmaya yetecek kadar

2 oz/½ bardak/50 gr sade (yarı tatlı) çikolata, doğranmış

2 oz/¼ bardak/50 gr tereyağı veya margarin

2,5 ml/½ çay kaşığı vanilya özü (ekstresi)

75ml/5 yemek kaşığı kaynar su

2 bardak/12 oz/350 gr toz (şekerleme) şekeri, elenmiş

Tüm malzemeleri bir blender veya mutfak robotunda pürüzsüz hale gelinceye kadar karıştırın, malzemeleri gerektiği gibi bastırın. Hemen kullanın.

# meyveli kek kreması

10"/25cm'lik bir pastayı dondurmaya yetecek kadar

75 ml/5 yemek kaşığı altın şurubu (hafif mısır)

60ml/4 yemek kaşığı ananas veya portakal suyu

Şurup ve meyve suyunu küçük bir tencerede birleştirin ve kaynatın. Karışımı ocaktan alın ve soğumuş kekin üstüne ve yanlarına fırçayla sürün. Bırakın alsın Kremayı tekrar kaynatın ve kekin üzerine ikinci bir kat sürün.

# Portakallı Meyveli Kek Sırları

10"/25cm'lik bir pastayı dondurmaya yetecek kadar

50g/2oz/¼ bardak pudra şekeri (süper ince).

30ml/2 yemek kaşığı portakal suyu

10 ml/2 çay kaşığı rendelenmiş portakal kabuğu rendesi

Malzemeleri küçük bir tencerede birleştirin ve sürekli karıştırarak kaynatın. Karışımı ocaktan alın ve soğumuş kekin üstüne ve yanlarına fırçayla sürün. Bırakın alsın Kremayı tekrar kaynatın ve kekin üzerine ikinci bir kat sürün.

# Badem kremalı kareler

12 yap

225g/8oz kısa hamurlu hamur işi

60 ml/4 yemek kaşığı ahududu reçeli (konserve)

2 yumurta akı

50 g/2 oz/½ bardak öğütülmüş badem

100g/4oz/½ bardak pudra şekeri (süper ince).

Birkaç damla badem özü (özü)

25 g/1 oz/¼ bardak pullanmış badem

Hamuru (hamuru) açın ve yağlanmış 12 x 8/30 x 20 cm'lik bir tavayı hizalamak için kullanın. Reçel ile yayın. Yumurta aklarını sertleşene kadar çırpın ve badem, şeker ve badem özünü yavaşça ekleyin. Reçeli yayın ve badem serpin. Önceden ısıtılmış fırında 180°C/350°F/termostat 4'te 45 dakika altın rengi ve gevrek olana kadar pişirin. Soğumaya bırakın ve ardından kareler halinde kesin.

# *melek damlaları*

24 yap

2 oz/¼ bardak/50 g tereyağı veya margarin, yumuşatılmış

50 g/2 oz/¼ bardak domuz filetosu (kısa)

100g/4oz/½ bardak pudra şekeri (süper ince).

1 küçük yumurta, dövülmüş

Birkaç damla vanilya özü (özü)

175 g/6 oz/1½ bardak kendiliğinden kabaran un (kendiliğinden kabaran)

45 ml/3 yemek kaşığı yulaf ezmesi

50 g/2 oz/¼ bardak sırlı (şekerlenmiş) kiraz, ikiye bölünmüş

Tereyağı veya margarini, domuz yağı ve şekeri hafif ve kabarık olana kadar karıştırın. Yumurtayı ve vanilya özünü ekleyin, ardından unu ekleyin ve sert bir macun elde edene kadar karıştırın. Küçük toplara bölün ve yulafları yuvarlayın. Yağlanmış bir tavaya iyice yerleştirin ve her birini kirazla kaplayın. Önceden ısıtılmış fırında 180°C/350°F/termostat 4'te 20 dakika boyunca sertleşene kadar pişirin. Sayfada soğumaya bırakın.

# *Pul badem*

12 yap

100g/4oz/½ bardak tereyağı veya margarin

225 g/8 oz/2 su bardağı sade un (çok amaçlı)

5 ml/1 yemek kaşığı kabartma tozu

50g/2oz/¼ bardak pudra şekeri (süper ince).

1 yumurta, ayrılmış

75ml/5 yemek kaşığı ahududu reçeli (konserve)

2/3 bardak/4 oz/100 gr toz (şekerleme) şekeri, elenmiş

100g/4oz/1 su bardağı pullanmış badem

Tereyağı veya margarini, un ve kabartma tozuna, karışım ekmek kırıntısı görünümü alana kadar sürün. Şekeri ekleyip karıştırın, ardından yumurta sarısını ekleyip sert bir hamur elde edinceye kadar yoğurun. Hafifçe unlanmış bir yüzeyde, yağlanmış 30 x 20 cm/12 x 8 tavaya sığacak şekilde açın, yavaşça tavaya bastırın ve hamur işinin kenarlarını hafifçe kaldırarak bir dudak yapın. Reçel ile yayın. Yumurta aklarını sertleşene kadar çırpın ve yavaş yavaş pudra şekerini ekleyin. Reçeli yayın ve badem serpin. Önceden ısıtılmış fırında 160°C/325°F/termostat 3'te 1 saat boyunca altın rengi oluncaya ve pişene kadar pişirin. Tavada 5 dakika soğumaya bırakın, ardından parmak şeklinde kesin ve soğumayı tamamlamak için tel ızgara üzerine çevirin.

# *Bakewell Tartletleri*

24 yap

### Böreği için:

25g/1oz/2 yemek kaşığı domuz yağı (kısa)

25 g/1 oz/2 yemek kaşığı tereyağı veya margarin

100g/4oz/1 su bardağı sade un (çok amaçlı)

Bir tutam tuz

30 ml/2 yemek kaşığı su

45ml/3 yemek kaşığı ahududu reçeli (konserve)

### Dolgu için:

2 oz/¼ bardak/50 g tereyağı veya margarin, yumuşatılmış

50g/2oz/¼ bardak pudra şekeri (süper ince).

1 yumurta, hafifçe çırpılmış

25 g/1 oz/¼ bardak kendiliğinden kabaran un (kendiliğinden kabaran)

25 g/1 oz/¼ bardak öğütülmüş badem

Birkaç damla badem özü (özü)

Masa (macun) yapmak için domuz yağı veya margarini un ve tuzla, karışım ekmek kırıntısı görünümüne gelinceye kadar ovalayın. Pürüzsüz bir hamur elde etmek için yeterli su ile karıştırın. Hafifçe unlanmış bir yüzeyde ince bir şekilde açın, 3/7 cm'lik daireler halinde kesin ve yağlanmış iki somun tepsisinin (banketlerin) yarısını hizalamak için kullanın. Reçel ile doldurun.

İç harcını hazırlamak için tereyağı veya margarini şekerle çırpın, ardından yavaş yavaş yumurtayı ekleyin. Unu, öğütülmüş bademleri ve badem özünü ekleyin. Karışımı keklerin içine dökün, kenarlarını hamurla kapatarak reçelin tamamen kaplanmasını sağlayın. Önceden ısıtılmış fırında 180°C/350°F/termostat 4'te 20 dakika altın rengi oluncaya kadar pişirin.

# Çikolatalı Kelebek Kurabiye

Yaklaşık 12 adet kurabiye çıkıyor

Çerezler için:

100g/4oz/½ bardak tereyağı veya margarin, yumuşatılmış

100g/4oz/½ bardak pudra şekeri (süper ince).

2 yumurta, hafifçe dövülmüş

100g/4oz/1 bardak kendi kendine kabaran un

30ml/2 yemek kaşığı kakao tozu (şekersiz çikolata).

Bir tutam tuz

30ml/2 yemek kaşığı soğuk süt

Buzlanma için:

2 oz/¼ bardak/50 g tereyağı veya margarin, yumuşatılmış

2/3 bardak/4 oz/100 gr toz (şekerleme) şekeri, elenmiş

10ml/2 yemek kaşığı ılık süt

Kurabiye yapmak için tereyağını veya margarini ve şekeri soluk ve kabarık olana kadar kremalayın. Un, kakao ve tuzu dönüşümlü olarak yumurtaları azar azar ekleyin, ardından homojen bir karışım elde edene kadar sütü ekleyin. Parşömen kağıdına (çörek kağıdı) veya yağlanmış kalıplara (biftek kağıdı) dökün ve önceden ısıtılmış 190°/375°F/termostat 5 fırında iyice kabarıncaya ve dokunulduğunda esnek hale gelinceye kadar 15-20 dakika pişirin. Soğumaya bırakın. Kurabiyelerin üst kısmını yatay olarak kesin ve ardından kelebek kanatlarını oluşturmak için üst kısmını dikey olarak ikiye bölün.

Kremayı hazırlamak için tereyağı veya margarini pürüzsüz hale gelinceye kadar çırpın, ardından pudra şekerinin yarısını ekleyin. Sütü ve ardından kalan şekeri çırpın. Krema karışımını keklerin arasına bölün, ardından "kanatları" keklerin üstüne çapraz olarak bastırın.

# *Hindistan cevizli Kurabiye*

12 yap

100g/4oz tereyağı

2 oz/¼ bardak/50 g tereyağı veya margarin, yumuşatılmış

50g/2oz/¼ bardak pudra şekeri (süper ince).

1 yumurta, dövülmüş

25 g / 1 oz / 2 yemek kaşığı pirinç unu

50 g/2 oz/½ bardak kurutulmuş hindistan cevizi (kıyılmış)

¼ çay kaşığı/1.5ml kabartma tozu

60ml/4 yemek kaşığı çikolata kreması

Hamuru açın (macun) ve bunu bir çörek şeklinin (et şekli) kenarlarını hizalamak için kullanın. Tereyağı veya margarini ve şekeri karıştırın, ardından yumurtaları ve pirinç ununu karıştırın. Hindistan cevizi ve kabartma tozunu karıştırın. Her tart kabuğunun (turta kabuğu) altına küçük bir kaşık dolusu çikolata sürün. Hindistan cevizi karışımını üstüne dökün ve önceden ısıtılmış fırında 200°C/400°F/termostat 6'da 15 dakika boyunca tamamen pişip altın rengi oluncaya kadar pişirin.

# *Tatlı kekler*

15 yap

100g/4oz/½ bardak tereyağı veya margarin, yumuşatılmış

225g/8oz/1 su bardağı pudra şekeri (süper ince).

2 yumurta

5 ml/1 çay kaşığı vanilya özü (ekstresi)

175 g/6 oz/1½ bardak kendiliğinden kabaran un (kendiliğinden kabaran)

5 ml/1 yemek kaşığı kabartma tozu

Bir tutam tuz

75ml/5 yemek kaşığı süt

Tereyağı veya margarini ve şekeri hafif ve kabarık hale gelinceye kadar karıştırın. Yumurtaları ve vanilya özünü azar azar ekleyin ve her eklemeden sonra iyice çırpın. Un, kabartma tozu ve tuzu dönüşümlü olarak sütle birlikte ekleyin, iyice çırpın. Karışımı kağıt kalıplara (kek kağıdı) dökün ve önceden ısıtılmış 190°C/375°F/termostat 5 fırında ortasına batırdığınız kürdan temiz çıkana kadar 20 dakika pişirin.

# *kahve çekirdekleri*

12 yap

Çerezler için:

100g/4oz/½ bardak tereyağı veya margarin, yumuşatılmış

100g/4oz/½ bardak pudra şekeri (süper ince).

2 yumurta, hafifçe dövülmüş

100g/4oz/1 bardak kendi kendine kabaran un

10 ml/2 çay kaşığı kahve özü (ekstresi)

Buzlanma için:

2 oz/¼ bardak/50 g tereyağı veya margarin, yumuşatılmış

2/3 bardak/4 oz/100 gr toz (şekerleme) şekeri, elenmiş

Birkaç damla kahve özü (özü)

100g/4oz/1 bardak çikolata parçacıkları

Kurabiye yapmak için tereyağını veya margarini ve şekeri hafif ve kabarık hale gelinceye kadar kremalayın. Yumurtaları azar azar ekleyip ardından un ve kahve özünü ekleyin. Karışımı bir fırın tepsisi (biftek kağıdı) üzerindeki kağıt kalıplara (kek kağıdı) dökün ve önceden ısıtılmış fırında 180°C/350°F/termostat 4'te iyice kabarıncaya ve dokunulduğunda esnek hale gelinceye kadar 20 dakika pişirin. Soğumaya bırakın.

Sır hazırlamak için tereyağı veya margarini pürüzsüz hale gelinceye kadar çırpın, ardından pudra şekeri ve kahve özünü ekleyip karıştırın. Keklerin üzerine yayıp çikolata parçalarıyla süsleyin.

# *Eccles Çerezleri*

16 yap

2 oz/¼ bardak/50 gr tereyağı veya margarin

50g/2oz/¼ bardak tatlı esmer şeker

225 g/8 oz/11/3 bardak kuş üzümü

450g/1lb Puf böreği veya puf böreği

Biraz süt

45 ml/3 yemek kaşığı pudra şekeri (süper ince).

Tereyağı veya margarini ve esmer şekeri kısık ateşte eritin, iyice karıştırın. Ateşten alıp kuş üzümlerini ekleyip karıştırın. Biraz soğumaya bırakın. Hamuru (makarnayı) unlanmış bir yüzeyde açın ve 16 daireye kesin. Dolgu karışımını dairelerin arasına bölün, ardından kenarlarını merkeze doğru katlayın, kenarları kapatmak için suyla fırçalayın. Kurabiyeleri ters çevirip merdaneyle hafifçe yuvarlayarak yassılaştırın. Her birinin üstüne üç yarık açın, fırçayla süt sürün ve üzerine şeker serpin. Yağlanmış bir fırın tepsisine yerleştirin ve önceden ısıtılmış 200°C/400°F/termostat 6 fırında 20 dakika altın rengi oluncaya kadar pişirin.

# *Peri Kurabiyeleri*

12 civarında olacak

100g/4oz/½ bardak tereyağı veya margarin, yumuşatılmış

100g/4oz/½ bardak pudra şekeri (süper ince).

2 yumurta, hafifçe dövülmüş

100g/4oz/1 bardak kendi kendine kabaran un

Bir tutam tuz

30 ml/2 çay kaşığı süt

Birkaç damla vanilya özü (özü)

Tereyağı veya margarini ve şekeri soluk ve kabarık olana kadar karıştırın. Yumurtaları azar azar, un ve tuzla dönüşümlü olarak ekleyin, ardından homojen bir karışım elde edene kadar süt ve vanilya özünü ekleyin. Yağlanmış kek kalıplarına (kek kalıpları) veya somun kalıplarına (pankek) dökün ve önceden ısıtılmış 190°C/375°F/termostat 5 fırında iyice kabarıncaya ve dokunulduğunda esnek hale gelinceye kadar 15-20 dakika pişirin.

# Tüylerle süslenmiş peri kekleri

12 yap

2 oz/¼ bardak/50 g tereyağı veya margarin, yumuşatılmış

50g/2oz/¼ bardak pudra şekeri (süper ince).

1 yumurta

50 g/2 oz/½ bardak kendiliğinden kabaran un (kendiliğinden kabaran)

100g/4oz/2/3 bardak pudra şekeri (şekerlemeler).

15 ml / 1 yemek kaşığı ılık su

Birkaç damla gıda boyası

Tereyağı veya margarini ve şekeri soluk ve kabarık olana kadar karıştırın. Yumurtayı azar azar ekleyip ardından unu ekleyin. Karışımı 12 adet kağıtlı (kek kağıdı) tavaya (biftek kağıdı) paylaştırın. Önceden ısıtılmış fırında 160°C/325°F/termostat 3'te 15-20 dakika, yumuşayana kadar pişirin. Soğumaya bırakın.

Pudra şekeri ve ılık suyu karıştırın. Kremanın üçte birini dilediğiniz gıda boyasıyla renklendirin. Beyaz kremayı keklerin üzerine yayın. Renkli kremayı pastanın üzerine çizgiler halinde uygulayın, ardından dalgalı bir desen oluşturmak için bıçağın ucunu çizgilere dik olarak önce bir yönde, sonra diğer yönde çizin. Bırakın alsın

# *Ceneviz fantezileri*

12 yap

3 yumurta, hafifçe çırpılmış

75g/3oz/1/3 su bardağı pudra şekeri (süper ince).

75 g/3 oz/¾ bardak kendiliğinden kabaran un (kendiliğinden kabaran)

Birkaç damla vanilya özü (özü)

25g/1oz/2 yemek kaşığı tereyağı veya margarin, eritilmiş ve soğutulmuş

60 ml/4 yemek kaşığı kayısı reçeli (konserve), elenmiş (filtrelenmiş)

60ml/4 yemek kaşığı su

8 oz / 11/3 bardak krema (şekerleme) şekeri, elenmiş

Birkaç damla pembe ve mavi gıda boyası (isteğe bağlı)

Pasta dekorasyonu

Yumurtaları ve pudra şekerini, hafif kaynayan su dolu bir tencerenin üzerine ısıya dayanıklı bir kaseye koyun. Karışım şeritler halinde çırpıcıdan çıkana kadar çırpın. Unu ve vanilya özünü karıştırın, ardından tereyağı veya margarini ekleyip karıştırın. Karışımı yağlanmış 30 x 20 cm'lik (12 x 8) kalıba dökün ve önceden ısıtılmış 190°C/375°F/termostat 5 fırında 30 dakika pişirin. Soğumaya bırakın ve ardından şekillere kesin. Reçeli 30 ml/2 yemek kaşığı su ile ısıtın ve kekleri boyayın.

Pudra şekerini bir kaseye eleyin. Dondurmayı farklı renklerde yapmak istiyorsanız ayrı kaselere bölüp her birinin ortasına havuz açın. Oldukça sert bir krema elde etmek için yavaş yavaş birkaç damla renk ve yeterli miktarda kalan su ekleyin. Keklerin üzerine yayıp dilediğiniz gibi süsleyin.

# *Bademli makarna*

16 yap

pirinç kağıdı

100g/4oz/½ bardak pudra şekeri (süper ince).

50 g/2 oz/½ bardak öğütülmüş badem

5ml/1 çay kaşığı öğütülmüş pirinç

Birkaç damla badem özü (özü)

1 yumurta beyazı

8 adet beyazlatılmış badem, yarıya bölünmüş

Bir fırın tepsisini (kek) pirinç kağıdıyla kaplayın. Beyazlatılmış badem dışındaki tüm malzemeleri sert bir macun haline getirin ve iyice çırpın. Karışımdan kaşık dolusu tavaya dökün ve her birinin üzerine yarım badem koyun. Önceden ısıtılmış fırında 150°C/325°F/termostat 3'te 25 dakika pişirin. Levha üzerinde soğumaya bırakın, ardından pirinç kağıdı tabakasından ayırmak için her birinin etrafını kesin veya yırtın.

# *Hindistan Cevizli Acıbadem Kurabiyesi*

16 yap

2 yumurta akı

150g/5oz/2/3 bardak pudra şekeri (süper ince).

150g/5oz/1¼ bardak kurutulmuş hindistan cevizi (rendelenmiş)

pirinç kağıdı

8 sırlı (şekerlenmiş) kiraz, ikiye bölünmüş

Yumurta aklarını kuvvetlice çırpın. Karışım sert zirveler oluşana kadar şekeri çırpın. Hindistan cevizini çevirin. Pirinç kağıdını bir fırın tepsisine yerleştirin ve karışımdan kaşık dolusu tepsiye dökün. Her birine bir kiraz yarısı yerleştirin. Önceden ısıtılmış fırında 160°C/325°F/termostat 3'te sertleşene kadar 30 dakika pişirin. Pirinç kağıdı üzerinde soğumaya bırakın, ardından pirinç kağıdından ayırmak için her birini kesin veya yırtın.

# *Limonlu kurabiye*

12 yap

100g/4oz tereyağı

60ml/4 yemek kaşığı limon marmelatı

2 yumurta akı

50g/2oz/¼ bardak pudra şekeri (süper ince).

25 g/1 oz/¼ bardak öğütülmüş badem

10 ml/2 çay kaşığı öğütülmüş pirinç

5ml/1 çay kaşığı portakal çiçeği suyu

Hamuru açın (macun) ve bunu bir çörek şeklinin (et şekli) kenarlarını hizalamak için kullanın. Her tart kabuğuna (turta kabuğu) küçük bir kaşık dolusu reçel dökün. Yumurta aklarını kuvvetlice çırpın. Sert ve parlak olana kadar şekeri karıştırın. Bademleri, pirinci ve portakal suyunu karıştırın. Reçeli tamamen kaplayacak şekilde kalıplara dökün. Önceden ısıtılmış fırında 180°C/350°F/termostat 4'te 30 dakika altın rengi oluncaya kadar pişirin.

# *Yulaf ezmeli makarna*

24 yap

175g/6oz/1½ bardak yulaf ezmesi

175g/6oz/¾ bardak pudra şekeri

120 ml/4 oz/½ bardak yağ

1 yumurta

2,5 ml/½ çay kaşığı tuz

2,5 ml/½ çay kaşığı badem özü (özü)

Yulaf, şeker ve yağı karıştırıp 1 saat dinlendirin. Yumurtayı, tuzu ve badem özünü çırpın. Karışımdan kaşık dolusu yağlanmış bir fırın tepsisine dökün ve önceden ısıtılmış 160°C/325°F/termostat 3 fırında 20 dakika altın rengi oluncaya kadar pişirin.

# *Madeleine*

9 yap

100g/4oz/½ bardak tereyağı veya margarin, yumuşatılmış

100g/4oz/½ bardak pudra şekeri (süper ince).

2 yumurta, hafifçe dövülmüş

100g/4oz/1 bardak kendi kendine kabaran un

175 g/6 oz/½ bardak çilek veya ahududu reçeli (konserve)

60ml/4 yemek kaşığı su

50 g/2 oz/½ bardak kurutulmuş hindistan cevizi (kıyılmış)

5 sırlı (şekerlenmiş) kiraz, ikiye bölünmüş

Tereyağı veya margarini hafifçe kremalayın, ardından şekeri hafif ve kabarık olana kadar karıştırın. Yumurtaları azar azar ekleyip ardından unu ekleyin. Dokuz adet yağlanmış dariole kalıbına dökün ve bir tavaya yerleştirin. Önceden ısıtılmış fırında 190°C/375°F/termostat 5'te iyice kabarıp altın rengi oluncaya kadar 20 dakika pişirin. Tavaların içinde 5 dakika soğumaya bırakın, ardından soğumayı tamamlamak için tel ızgara üzerine çıkarın.

Her pastanın üstünü pürüzsüz hale gelinceye kadar pürüzsüz hale getirin. Jöleyi süzün (süzün) ve küçük bir tencerede suyla birlikte iyice birleşene kadar karıştırarak kaynatın. Hindistan cevizini büyük bir parşömen (mumlu) kağıt üzerine yayın. İlk pastanın altına bir şiş yerleştirin, üzerine jöle sürün ve üzerini kaplayana kadar hindistan cevizine bulayın. Servis tabağına yerleştirin. Kalan çerezlerle tekrarlayın. Yarıya bölünmüş kirazlarla süsleyin.

# Badem ezmesi krep

12 civarında olacak

450 g/1 lb/4 bardak öğütülmüş badem

2/3 bardak/4 oz/100 gr toz (şekerleme) şekeri, elenmiş

100g/4oz/½ bardak pudra şekeri (süper ince).

30 ml/2 yemek kaşığı su

3 yumurta akı

Buzlanma için:

2/3 bardak/4 oz/100 gr toz (şekerleme) şekeri, elenmiş

1 yumurta beyazı

2,5 ml/½ çay kaşığı sirke

Tüm kek malzemelerini bir tencerede karıştırın ve hamur tüm sıvıyı emene kadar karıştırarak hafifçe ısıtın. Isıdan çıkarın ve soğumaya bırakın. Hafifçe unlanmış bir yüzeyde 1/2 cm kalınlığında açın ve 1½/3 cm'lik şeritler halinde kesin. 5cm/2 uzunlukta kesin, yağlanmış bir fırın tepsisine yerleştirin ve önceden ısıtılmış 150°C/300°F/termostat 2 fırında 20 dakika üstü hafif altın rengi olana kadar pişirin. Soğumaya bırakın.

Dondurmayı yapmak için yumurta aklarını ve sirkeyi, yumuşak ve koyu bir dondurma elde edene kadar yavaş yavaş pudra şekerini ekleyerek çırpın. Kremayı keklerin üzerine dökün.

# çörek, kek

12 yap

225 g/8 oz/2 su bardağı sade un (çok amaçlı)

100g/4oz/½ bardak pudra şekeri (süper ince).

10 ml / 2 yemek kaşığı kabartma tozu

2,5 ml/½ çay kaşığı tuz

1 yumurta, hafifçe çırpılmış

250 ml/8 oz/1 bardak süt

120 ml/4 oz/½ bardak yağ

Un, şeker, kabartma tozu ve tuzu karıştırıp ortasını havuz gibi açın. Geri kalan malzemeleri birleştirin ve birleşene kadar kuru malzemelerle karıştırın. Fazla karıştırmayın. Muffin kalıplarına (kağıt) veya yağlanmış muffin kalıplarına dökün ve önceden ısıtılmış fırında 200°C/400°F/termostat 6'da 20 dakika, iyice kabarıncaya ve dokunulduğunda yaylanıncaya kadar pişirin.

# *Elmalı kek*

12 yap

225 g/8 oz/2 su bardağı sade un (çok amaçlı)

100g/4oz/½ bardak pudra şekeri (süper ince).

10 ml / 2 yemek kaşığı kabartma tozu

2,5 ml/½ çay kaşığı tuz

1 yumurta, hafifçe çırpılmış

250 ml/8 oz/1 bardak süt

120 ml/4 oz/½ bardak yağ

2 elma (tatlı), soyulmuş, çekirdeği çıkarılmış ve doğranmış

Un, şeker, kabartma tozu ve tuzu karıştırıp ortasını havuz gibi açın. Geri kalan malzemeleri birleştirin ve birleşene kadar kuru malzemelerle karıştırın. Fazla karıştırmayın. Muffin kalıplarına (kağıt) veya yağlanmış muffin kalıplarına dökün ve önceden ısıtılmış fırında 200°C/400°F/termostat 6'da 20 dakika, iyice kabarıncaya ve dokunulduğunda yaylanıncaya kadar pişirin.

# *muzlu corekler*

12 yap

225 g/8 oz/2 su bardağı sade un (çok amaçlı)

100g/4oz/½ bardak pudra şekeri (süper ince).

10 ml / 2 yemek kaşığı kabartma tozu

2,5 ml/½ çay kaşığı tuz

1 yumurta, hafifçe çırpılmış

250 ml/8 oz/1 bardak süt

120 ml/4 oz/½ bardak yağ

2 muz, püresi

Un, şeker, kabartma tozu ve tuzu karıştırıp ortasını havuz gibi açın. Geri kalan malzemeleri birleştirin ve birleşene kadar kuru malzemelerle karıştırın. Fazla karıştırmayın. Muffin kalıplarına (kağıt) veya yağlanmış muffin kalıplarına dökün ve önceden ısıtılmış fırında 200°C/400°F/termostat 6'da 20 dakika, iyice kabarıncaya ve dokunulduğunda yaylanıncaya kadar pişirin.

# *Frenk Üzümlü Muffinler*

12 yap

225 g/8 oz/2 bardak kendiliğinden kabaran un (kendiliğinden kabaran)

75g/3oz/1/3 su bardağı pudra şekeri (süper ince).

2 yumurta akı

75 g/3 ons siyah kuş üzümü

7 fl oz/lite 200 ml 1 bardak süt

30ml/2 yemek kaşığı yağ

Unu ve şekeri karıştırın. Yumurta aklarını hafifçe çırpın ve kuru malzemelerle karıştırın. Frenk üzümü, süt ve yağı ekleyin. Yağlanmış muffin kalıplarına dökün ve önceden ısıtılmış 200°C/400°F/termostat 6 fırında 15-20 dakika altın rengi oluncaya kadar pişirin.

# Amerikan yaban mersinli kekleri

12 yap

150g/5oz/1¼ bardak sade un (çok amaçlı)

75 g/3 oz/¾ bardak mısır unu

75g/3oz/1/3 su bardağı pudra şekeri (süper ince).

10 ml / 2 yemek kaşığı kabartma tozu

Bir tutam tuz

1 yumurta, hafifçe çırpılmış

75 g/3 oz/1/3 bardak tereyağı veya margarin, eritilmiş

250 ml/8 oz/1 bardak ayran

100g/4oz yaban mersini

Un, mısır unu, şeker, kabartma tozu ve tuzu karıştırıp ortasını havuz gibi açın. Yumurta, tereyağı veya margarin ve ayranı ekleyip birleşene kadar karıştırın. Yaban mersini veya böğürtlenleri karıştırın. Muffin kalıplarına (kağıt) dökün ve önceden ısıtılmış fırında 200°C/400°F/termostat 6'da altın rengi kahverengi olana ve dokunulduğunda esnekleşene kadar 20 dakika pişirin.

# *Kirazlı kekler*

12 yap

225 g/8 oz/2 su bardağı sade un (çok amaçlı)

100g/4oz/½ bardak pudra şekeri (süper ince).

100 g/4 oz/½ bardak sırlı (şekerlenmiş) kiraz

10 ml / 2 yemek kaşığı kabartma tozu

2,5 ml/½ çay kaşığı tuz

1 yumurta, hafifçe çırpılmış

250 ml/8 oz/1 bardak süt

120 ml/4 oz/½ bardak yağ

Un, şeker, vişne, kabartma tozu ve tuzu karıştırıp ortasını havuz şeklinde açın. Geri kalan malzemeleri birleştirin ve birleşene kadar kuru malzemelerle karıştırın. Fazla karıştırmayın. Muffin kalıplarına (kağıt) veya yağlanmış muffin kalıplarına dökün ve önceden ısıtılmış fırında 200°C/400°F/termostat 6'da 20 dakika, iyice kabarıncaya ve dokunulduğunda yaylanıncaya kadar pişirin.

# çikolatalı kekler

10-12 yapın

175 g/6 oz/1½ bardak sade un (çok amaçlı)

40 g/1½ oz/1/3 bardak kakao tozu (şekersiz çikolata)

100g/4oz/½ bardak pudra şekeri (süper ince).

10 ml / 2 yemek kaşığı kabartma tozu

2,5 ml/½ çay kaşığı tuz

1 büyük yumurta

250 ml/8 oz/1 bardak süt

2,5 ml/½ çay kaşığı vanilya özü (ekstresi)

120 ml/4 fl oz/½ bardak ayçiçek yağı veya bitkisel yağ

Kuru malzemeleri karıştırıp ortasını havuz gibi açın. Yumurtayı, sütü, vanilya özünü ve yağı iyice karıştırın. Sıvıyı, hepsi birleşene kadar hızlı bir şekilde kuru malzemelerle karıştırın. Fazla karıştırmayın; Karışım topaklı olmalıdır. Muffin kalıplarına (kağıt) veya kalıplara (kalıplara) dökün ve önceden ısıtılmış fırında 200°C/400°F/termostat 6'da yaklaşık 20 dakika, iyice kabarıncaya ve dokunulduğunda esnek hale gelinceye kadar pişirin.

# *çikolatalı kekler*

12 yap

175 g/6 oz/1½ bardak sade un (çok amaçlı)

100g/4oz/½ bardak pudra şekeri (süper ince).

45ml/3 yemek kaşığı kakao tozu (şekersiz çikolata).

100g/4oz/1 bardak çikolata parçacıkları

10 ml / 2 yemek kaşığı kabartma tozu

2,5 ml/½ çay kaşığı tuz

1 yumurta, hafifçe çırpılmış

250 ml/8 oz/1 bardak süt

120 ml/4 oz/½ bardak yağ

2,5 ml/½ çay kaşığı vanilya özü (ekstresi)

Un, şeker, kakao, damla çikolata, kabartma tozu ve tuzu karıştırıp ortasını havuz gibi açın. Geri kalan malzemeleri birleştirin ve birleşene kadar kuru malzemelerle karıştırın. Fazla karıştırmayın. Muffin kalıplarına (kağıt) veya yağlanmış muffin kalıplarına dökün ve önceden ısıtılmış fırında 200°C/400°F/termostat 6'da 20 dakika, iyice kabarıncaya ve dokunulduğunda yaylanıncaya kadar pişirin.

# tarçınlı çörek

12 yap

225 g/8 oz/2 su bardağı sade un (çok amaçlı)

100g/4oz/½ bardak pudra şekeri (süper ince).

10 ml / 2 yemek kaşığı kabartma tozu

5 ml/1 çay kaşığı öğütülmüş tarçın

2,5 ml/½ çay kaşığı tuz

1 yumurta, hafifçe çırpılmış

250 ml/8 oz/1 bardak süt

120 ml/4 oz/½ bardak yağ

Un, şeker, kabartma tozu, tarçın ve tuzu karıştırıp ortasını havuz şeklinde açın. Geri kalan malzemeleri birleştirin ve birleşene kadar kuru malzemelerle karıştırın. Fazla karıştırmayın. Muffin kalıplarına (kağıt) veya yağlanmış muffin kalıplarına dökün ve önceden ısıtılmış fırında 200°C/400°F/termostat 6'da 20 dakika, iyice kabarıncaya ve dokunulduğunda yaylanıncaya kadar pişirin.

# Mısır unu muffinleri

12 yap

50 g/2 oz/½ bardak sade un (çok amaçlı)

100 g/4 oz/1 bardak mısır unu

5 ml/1 yemek kaşığı kabartma tozu

1 yumurta, ayrılmış

1 yumurta sarısı

30ml/2 yemek kaşığı mısır yağı

30ml/2 yemek kaşığı süt

Un, mısır unu ve kabartma tozunu birleştirin. Yumurta sarısını, yağı ve sütü karıştırıp ardından kuru malzemelerle karıştırın. Yumurta aklarını sertleşene kadar çırpın ve karışıma ekleyin. Muffin kalıplarına (kağıt) veya yağlanmış muffin kalıplarına dökün ve önceden ısıtılmış 200°C/400°F/termostat 6 fırında altın rengi oluncaya kadar yaklaşık 20 dakika pişirin.

# *Bütün incirli kekler*

10 yap

100 g/4 oz/1 bardak kepekli (buğday) unu.

5 ml/1 yemek kaşığı kabartma tozu

50 g/2 oz/½ bardak yulaf ezmesi

1/3 bardak/2 oz/50 gr doğranmış kuru incir

45ml/3 yemek kaşığı yağ

75ml/5 yemek kaşığı süt

15ml/1 yemek kaşığı koyu şurup (pekmez)

1 yumurta, hafifçe çırpılmış

Un, kabartma tozu ve yulaf gevreğini karıştırıp incirleri ekleyin. Yağı, sütü ve şurubu birleşene kadar ısıtın, ardından kuru malzemeleri yumurtayla karıştırın ve sert bir hamur oluşana kadar karıştırın. Karışımı muffin kalıplarına (kağıt) veya yağlanmış muffin kalıplarına dökün ve önceden ısıtılmış 190°C/375°F/termostat 5 fırında altın rengi oluncaya kadar yaklaşık 20 dakika pişirin.

# Meyveli ve kepekli kekler

8 yap

100g/4oz/1 bardak Tam Kepekli Tahıl

50 g/2 oz/½ bardak sade un (çok amaçlı)

2,5 ml/½ çay kaşığı kabartma tozu

5ml/1 çay kaşığı karbonat (kabartma tozu)

5 ml/1 çay kaşığı öğütülmüş baharat (elmalı turta)

50 gr/2 oz/1/3 bardak kuru üzüm

100 g/4 oz/1 bardak elma püresi (sos)

5 ml/1 çay kaşığı vanilya özü (ekstresi)

30ml/2 yemek kaşığı süt

Kuru malzemeleri karıştırıp ortasını havuz gibi açın. Pürüzsüz bir karışım elde etmek için kuru üzümleri, elma püresini, vanilya özünü ve yeterli sütü karıştırın. Muffin kalıplarına (kağıt) veya yağlanmış muffin kalıplarına dökün ve önceden ısıtılmış 200°C/400°F/termostat 6 fırında iyice kabarıp altın rengi oluncaya kadar 20 dakika pişirin.

# *Yulaflı Kekler*

20 yap

100g/4oz/1 su bardağı yulaf ezmesi

100 gr/4 oz/1 su bardağı yulaf unu

225 g/8 oz/2 su bardağı tam buğday unu (tam buğday).

10 ml / 2 yemek kaşığı kabartma tozu

50 g/2 oz/1/3 bardak kuru üzüm (isteğe bağlı)

375 ml/13 oz/1½ bardak süt

10 ml / 2 yemek kaşığı sıvı yağ

2 yumurta akı

Yulaf, un ve kabartma tozunu birleştirin ve kullanıyorsanız kuru üzümleri de ekleyerek karıştırın. Sütü ve yağı karıştırın. Yumurta aklarını sertleşene kadar çırpın, ardından karışıma ekleyin. Muffin kalıplarına (kağıt) veya yağlanmış muffin kalıplarına dökün ve önceden ısıtılmış 190°C/375°F/termostat 5 fırında altın rengi oluncaya kadar yaklaşık 25 dakika pişirin.

# *Yulaf ezmesi ve meyveli kekler*

10 yap

100 g/4 oz/1 bardak kepekli (buğday) unu.

100g/4oz/1 su bardağı yulaf ezmesi

15 ml / 1 yemek kaşığı kabartma tozu

100 g/4 oz/2/3 bardak kuru üzüm (altın kuru üzüm)

50 g/2 oz/½ bardak kıyılmış karışık fındık

1 elma (tatlı), soyulmuş, çekirdeği çıkarılmış ve rendelenmiş

45ml/3 yemek kaşığı yağ

30 ml/2 yemek kaşığı berrak bal

15ml/1 yemek kaşığı koyu şurup (pekmez)

1 yumurta, hafifçe çırpılmış

90ml/6 yemek kaşığı süt

Unu, yulafı ve kabartma tozunu karıştırın. Kuru üzüm, ceviz ve elmayı karıştırın. Yağı, balı ve şurubu eriyene kadar ısıtın, ardından karışımı yumurta ve yeterli miktarda sütle birlikte karıştırarak pürüzsüz bir kıvam elde edin. Muffin kalıplarına (kağıt) veya yağlanmış muffin kalıplarına dökün ve önceden ısıtılmış 190°C/375°F/termostat 5 fırında altın rengi oluncaya kadar yaklaşık 25 dakika pişirin.

# *Portakallı kekler*

12 yap

100g/4oz/1 bardak kendi kendine kabaran un

100g/4oz/½ bardak tatlı esmer şeker

1 yumurta, hafifçe çırpılmış

120 ml/4 oz/½ bardak portakal suyu

60ml/4 yemek kaşığı yağ

2,5 ml/½ çay kaşığı vanilya özü (ekstresi)

25 g/1 oz/2 yemek kaşığı tereyağı veya margarin

30ml/2 yemek kaşığı sade un (çok amaçlı)

2,5 ml/½ çay kaşığı öğütülmüş tarçın

Kendiliğinden kabaran unu ve şekerin yarısını bir kapta karıştırın. Yumurtayı, portakal suyunu, yağı ve vanilya özünü karıştırın, ardından kuru malzemeleri bir araya gelinceye kadar karıştırın. Fazla karıştırmayın. Muffin kalıplarına (kağıt) veya muffin kalıplarına (kalıplara) dökün ve önceden ısıtılmış 200°C/400°F/termostat 6 fırında 10 dakika pişirin.

Bu arada iç harcı için tereyağı veya margarini sade una sürün, ardından kalan şekeri ve tarçını ekleyip karıştırın. Muffinlerin üzerine serpin ve altın kahverengi olana kadar 5 dakika daha fırına dönün.

# Şeftalili muffinler

12 yap

225 g/8 oz/2 su bardağı sade un (çok amaçlı)

100g/4oz/½ bardak pudra şekeri (süper ince).

10 ml / 2 yemek kaşığı kabartma tozu

2,5 ml/½ çay kaşığı tuz

1 yumurta, hafifçe çırpılmış

175 ml/6 fl oz/¾ bardak süt

120 ml/4 oz/½ bardak yağ

1 küçük kutu/7oz/200g şeftali, suyu süzülmüş ve doğranmış

Un, şeker, kabartma tozu ve tuzu karıştırıp ortasını havuz gibi açın. Geri kalan malzemeleri birleştirin ve birleşene kadar kuru malzemelerle karıştırın. Fazla karıştırmayın. Muffin kalıplarına (kağıt) veya yağlanmış muffin kalıplarına dökün ve önceden ısıtılmış fırında 200°C/400°F/termostat 6'da 20 dakika, iyice kabarıncaya ve dokunulduğunda yaylanıncaya kadar pişirin.

# Fıstık Ezmeli Muffinler

12 yap

225 g/8 oz/2 su bardağı sade un (çok amaçlı)

100g/4oz/½ bardak tatlı esmer şeker

10 ml / 2 yemek kaşığı kabartma tozu

2,5 ml/½ çay kaşığı tuz

1 yumurta, hafifçe çırpılmış

250 ml/8 oz/1 bardak süt

120 ml/4 oz/½ bardak yağ

45ml/3 yemek kaşığı fıstık ezmesi

Un, şeker, kabartma tozu ve tuzu karıştırıp ortasını havuz gibi açın. Geri kalan malzemeleri birleştirin ve birleşene kadar kuru malzemelerle karıştırın. Fazla karıştırmayın. Muffin kalıplarına (kağıt) veya yağlanmış muffin kalıplarına dökün ve önceden ısıtılmış fırında 200°C/400°F/termostat 6'da 20 dakika, iyice kabarıncaya ve dokunulduğunda yaylanıncaya kadar pişirin.

# *Ananaslı Kekler*

12 yap

225 g/8 oz/2 su bardağı sade un (çok amaçlı)

100g/4oz/½ bardak tatlı esmer şeker

10 ml / 2 yemek kaşığı kabartma tozu

2,5 ml/½ çay kaşığı tuz

1 yumurta, hafifçe çırpılmış

175 ml/6 fl oz/¾ bardak süt

120 ml/4 oz/½ bardak yağ

200g/7oz/1 küçük kutu ananas, suyu süzülmüş ve doğranmış

30ml/2 yemek kaşığı demerara şekeri

Unu, esmer şekeri, kabartma tozunu ve tuzu karıştırıp ortasını havuz gibi açın. Demerara şekeri hariç kalan tüm malzemeleri birleştirin ve kuru malzemeleri bir araya gelinceye kadar karıştırın. Fazla karıştırmayın. Muffin kalıplarına (kağıt) veya yağlanmış muffin kalıplarına dökün ve üzerine demerara şekeri serpin. Önceden ısıtılmış fırında 200°C/400°F/termostat 6'da iyice kabarıncaya ve dokunulduğunda yaylanıncaya kadar 20 dakika pişirin.

# *Ahududulu Muffinler*

12 yap

225 g/8 oz/2 su bardağı sade un (çok amaçlı)

100g/4oz/½ bardak pudra şekeri (süper ince).

10 ml / 2 yemek kaşığı kabartma tozu

2,5 ml/½ çay kaşığı tuz

200 gr ahududu

1 yumurta, hafifçe çırpılmış

250 ml/8 oz/1 bardak süt

120ml/4oz fl/½ bardak bitkisel yağ

Unu, şekeri, kabartma tozunu ve tuzu karıştırın. Ahududuları karıştırıp ortasını havuz gibi açın. Yumurta, süt ve yağı karıştırıp kuru malzemelerin üzerine dökün. Tüm kuru malzemeler birleştirilene kadar yavaşça karıştırın, ancak karışım hala ufalanabilir. Abartmayın. Karışımı muffin kalıplarına (kağıt) veya yağlanmış muffin kalıplarına dökün ve önceden ısıtılmış fırında 200°C/400°F/termostat 6'da iyice kabarıncaya ve dokunulduğunda esnek hale gelinceye kadar 20 dakika pişirin.

# *Ahududu Limonlu Muffin*

12 yap

175 g/6 oz/1½ bardak sade un (çok amaçlı)

50 g/2 oz/¼ bardak pudra şekeri

50g/2oz/¼ bardak tatlı esmer şeker

10 ml / 2 yemek kaşığı kabartma tozu

5 ml/1 çay kaşığı öğütülmüş tarçın

Bir tutam tuz

1 yumurta, hafifçe çırpılmış

100g/4oz/½ bardak tereyağı veya margarin, eritilmiş

120ml/½ su bardağı süt

100g/4oz taze ahududu

10 ml/2 çay kaşığı rendelenmiş limon kabuğu rendesi

Süslemek için:
75g/3oz/½ bardak krema (şekerleme) şekeri, elenmiş

15 ml / 1 yemek kaşığı limon suyu

Un, pudra şekeri, esmer şeker, kabartma tozu, tarçın ve tuzu bir kapta karıştırıp ortasını havuz şeklinde açın. Yumurtayı, tereyağını veya margarini ve sütü ekleyip malzemeler birleşene kadar karıştırın. Ahududu ve limon kabuğu rendesini karıştırın. Muffin kalıplarına (kağıt) veya yağlanmış muffin kalıplarına dökün ve önceden ısıtılmış 180°C/350°F/termostat 4 fırında altın rengi kahverengi olana ve dokunulduğunda esnekleşene kadar 20 dakika pişirin. Kaplamak için pudra şekeri ve limon suyunu birleştirin ve sıcak keklerin üzerine serpin.

# *Sultani Muffin*

12 yap

225 g/8 oz/2 su bardağı sade un (çok amaçlı)

100g/4oz/½ bardak pudra şekeri (süper ince).

100 g/4 oz/2/3 bardak kuru üzüm (altın kuru üzüm)

10 ml / 2 yemek kaşığı kabartma tozu

5 ml/1 çay kaşığı öğütülmüş baharat (elmalı turta)

2,5 ml/½ çay kaşığı tuz

1 yumurta, hafifçe çırpılmış

250 ml/8 oz/1 bardak süt

120 ml/4 oz/½ bardak yağ

Un, şeker, kuru üzüm, kabartma tozu, baharat karışımı ve tuzu karıştırıp ortasını havuz şeklinde açın. Geri kalan malzemeleri birleşene kadar karıştırın. Muffin kalıplarına (kağıt) veya yağlanmış muffin kalıplarına dökün ve önceden ısıtılmış fırında 200°C/400°F/termostat 6'da 20 dakika, iyice kabarıncaya ve dokunulduğunda yaylanıncaya kadar pişirin.

# Şuruplu kekler

12 yap

225 g/8 oz/2 su bardağı sade un (çok amaçlı)

100g/4oz/½ bardak tatlı esmer şeker

10 ml / 2 yemek kaşığı kabartma tozu

2,5 ml/½ çay kaşığı tuz

1 yumurta, hafifçe çırpılmış

175 ml/6 fl oz/¾ bardak süt

60 ml/4 yemek kaşığı koyu şurup (pekmez)

120 ml/4 oz/½ bardak yağ

Un, şeker, kabartma tozu ve tuzu karıştırıp ortasını havuz gibi açın. Geri kalan malzemeleri birleşene kadar karıştırın. Fazla karıştırmayın. Muffin kalıplarına (kağıt) veya yağlanmış muffin kalıplarına dökün ve önceden ısıtılmış fırında 200°C/400°F/termostat 6'da 20 dakika, iyice kabarıncaya ve dokunulduğunda yaylanıncaya kadar pişirin.

# Yulaf Ezmeli Şuruplu Muffinler

10 yap

100g/4oz/1 su bardağı sade un (çok amaçlı)

175g/6oz/1½ bardak yulaf ezmesi

100g/4oz/½ bardak tatlı esmer şeker

15 ml / 1 yemek kaşığı kabartma tozu

5 ml/1 çay kaşığı öğütülmüş tarçın

2,5 ml/½ çay kaşığı tuz

1 yumurta, hafifçe çırpılmış

120ml/½ su bardağı süt

60 ml/4 yemek kaşığı koyu şurup (pekmez)

75ml/5 yemek kaşığı yağ

Un, yulaf, şeker, kabartma tozu, tarçın ve tuzu karıştırıp ortasını havuz gibi açın. Kalan malzemeleri karıştırın, ardından kuru malzemeleri bir araya gelinceye kadar karıştırın. Fazla karıştırmayın. Muffin kalıplarına (kağıt) veya yağlanmış muffin kalıplarına dökün ve önceden ısıtılmış 200°C/400°F/termostat 6 fırında iyice kabarıncaya ve dokunulduğunda yaylanıncaya kadar 15 dakika pişirin.

# Yulaf ezmeli tost

8 yap

225 g/8 oz/2 su bardağı yulaf ezmesi

100 g/4 oz/1 bardak kepekli (buğday) unu.

5 ml/1 yemek kaşığı tuz

5 ml/1 yemek kaşığı kabartma tozu

50 g/2 oz/¼ bardak domuz filetosu (kısa)

30ml/2 yemek kaşığı soğuk su

Kuru malzemeleri birlikte karıştırın, ardından domuz etini ekmek kırıntısı görünümü alana kadar karışıma sürün. Sert bir hamur elde etmek için yeterli su ile karıştırın. Hafifçe unlanmış bir yüzeyde 7/18 cm'lik bir daire şeklinde açın ve sekiz dilime kesin. Yağlanmış bir fırın tepsisine yerleştirin ve önceden ısıtılmış 180°C/350°F/termostat 4 fırında 25 dakika pişirin. Tereyağı, marmelat veya marmelat ile servis yapın.

# Çilek ve mantarlı omlet

18 yap

5 yumurta sarısı

75g/3oz/1/3 su bardağı pudra şekeri (süper ince).

Bir tutam tuz

Yarım limonun rendelenmiş kabuğu

4 yumurta akı

40 g/1½ oz/1/3 bardak mısır unu (mısır nişastası)

1½ oz/40 g/1/3 su bardağı sade un (çok amaçlı)

40 g/1½ oz/3 yemek kaşığı eritilmiş tereyağı veya margarin

300 ml/½ pt/1¼ bardak krem şanti

225g/8oz çilek

Üzerine serpmek için elenmiş pudra şekeri

Yumurta sarılarını 25 gr pudra şekeriyle rengi açılıp koyulaşana kadar çırpın, ardından tuz ve limon kabuğu rendesini ekleyip karıştırın. Yumurta aklarını sertleşene kadar çırpın, ardından kalan pudra şekerini ekleyin ve sert ve parlak olana kadar çırpmaya devam edin. Yumurta sarılarını karıştırın ve ardından un ve unu karıştırın. Eritilmiş tereyağı veya margarini ekleyip karıştırın. Karışımı ½"/1 cm düz uç (uç) takılmış bir sıkma torbasına aktarın ve yağlanmış, astarlı bir tavaya (kek) 6/15 cm'lik daireler halinde sıkın. Önceden ısıtılmış fırında 220°C/425°F/termostat 7'de 10 dakika altın rengi kahverengi olana kadar, ancak altın kahverengi olmayana kadar pişirin. Soğumaya bırakın.

Kremayı sertleşinceye kadar çırpın. Her dairenin yarısına ince bir tabaka halinde yayın, üzerine çilekleri dizin ve biraz daha kremayla tamamlayın. "Ekmeğin" üst yarısını katlayın. Üzerine pudra şekeri serpip servis yapın.

# *Nane Kurabiyeleri*

12 yap

100g/4oz/½ bardak tereyağı veya margarin, yumuşatılmış

100g/4oz/½ bardak pudra şekeri (süper ince).

2 yumurta, hafifçe dövülmüş

75 g/3 oz/¾ bardak kendiliğinden kabaran un (kendiliğinden kabaran)

10 ml/2 çay kaşığı kakao tozu (şekersiz çikolata).

Bir tutam tuz

8 oz / 11/3 bardak krema (şekerleme) şekeri, elenmiş

30 ml/2 yemek kaşığı su

Birkaç damla yeşil gıda boyası

Birkaç damla nane esansı (özü)

Süslemek için ikiye bölünmüş naneli çikolata

Tereyağı veya margarini ve şekeri hafif ve kabarıncaya kadar çırpın, ardından yumurtaları yavaş yavaş ekleyerek karıştırın. Un, kakao ve tuzu karıştırın. Yağlanmış kalıplara (et formları) dökün ve önceden ısıtılmış fırında 200°C/400°F/termostat 6'da 10 dakika, yumuşayana kadar pişirin. Soğumaya bırakın.

Pudra şekerini bir kaseye eleyin ve 15ml/1 yemek kaşığı su ile karıştırın, ardından gıda boyasını ve nane esansını damak tadınıza göre ekleyin. Kaşığın arkasını kaplayacak bir kıvam elde etmek için gerekirse daha fazla su ekleyin. Dondurmayı kurabiyelerin üzerine yayın ve naneli çikolatayla süsleyin.

# *Kuru üzümlü kurabiye*

12 yap

175 g/6 oz/1 bardak kuru üzüm

250 ml/8 oz/1 bardak su

5ml/1 çay kaşığı karbonat (kabartma tozu)

100g/4oz/½ bardak tereyağı veya margarin, yumuşatılmış

100g/4oz/½ bardak tatlı esmer şeker

1 yumurta, dövülmüş

5 ml/1 çay kaşığı vanilya özü (ekstresi)

200g/7oz/1¾ bardak sade un (çok amaçlı)

5 ml/1 yemek kaşığı kabartma tozu

Bir tutam tuz

Kuru üzümleri, suyu ve kabartma tozunu bir tencerede kaynatın ve 3 dakika pişirin. Ilık olana kadar soğumaya bırakın. Tereyağı veya margarini ve şekeri soluk ve kabarık olana kadar karıştırın. Yumurtayı ve vanilya özünü azar azar ekleyin. Kuru üzüm karışımını karıştırın, ardından un, kabartma tozu ve tuzu ekleyip karıştırın. Karışımı muffin kalıplarına (kağıt) veya yağlanmış muffin kalıplarına dökün ve önceden ısıtılmış 180°C/350°F/termostat 4 fırında 12-15 dakika pişip altın rengi oluncaya kadar pişirin.

# *Üzüm çağırıyor*

24 yap

225 g/8 oz/2 su bardağı sade un (çok amaçlı)

Bir tutam karışık öğütülmüş baharat (elmalı turta)

5ml/1 çay kaşığı karbonat (kabartma tozu)

225g/8oz/1 su bardağı pudra şekeri (süper ince).

45ml/3 yemek kaşığı öğütülmüş badem

8 oz / 1 su bardağı tereyağı veya margarin, eritilmiş

45ml/3 yemek kaşığı kuru üzüm

1 yumurta, hafifçe çırpılmış

Kuru malzemeleri karıştırın ve ardından eritilmiş tereyağı veya margarini, ardından kuru üzüm ve yumurtayı ekleyerek karıştırın. Sert bir macun halinde iyice karıştırın. Hafifçe unlanmış bir yüzeyde yaklaşık ¼/5 mm kalınlığında açın ve ¼/5 mm x 20 cm x 8 inç şeritler halinde kesin. Üst kısmını biraz suyla hafifçe nemlendirin, ardından her bir şeridi kısa ucundan yukarı doğru yuvarlayın. Yağlanmış bir fırın tepsisine yerleştirin ve önceden ısıtılmış fırında 200°C/400°F/termostat 6'da altın rengi oluncaya kadar 15 dakika pişirin.

# *Ahududu kekleri*

12 çörek yapar

225 g/8 oz/2 su bardağı sade un (çok amaçlı)

7,5 ml/½ yemek kaşığı kabartma tozu

2,5ml/½ çay kaşığı. öğütülmüş baharat (elmalı turta)

Bir tutam tuz

75 g/3 oz/1/3 bardak tereyağı veya margarin

75g/3oz/1/3 bardak pudra şekeri (çok ince) artı serpmek için ekstra

1 yumurta

60ml/4 yemek kaşığı süt

60 ml/4 yemek kaşığı ahududu reçeli (konserve)

Unu, kabartma tozunu, baharatları ve tuzu karıştırın, ardından tereyağı veya margarini ekleyerek ekmek kırıntısı görünümü alana kadar karıştırın. Şekeri karıştırın. Sert bir hamur elde etmek için yumurtayı ve yeterince sütü karıştırın. 12 parçaya bölün ve yağlanmış fırın tepsisine dizin. Her birinin ortasına parmağınızla bir delik açın ve içine biraz ahududu reçeli dökün. Üzerine süt sürün ve üzerine pudra şekeri serpin. Önceden ısıtılmış fırında 220°C/425°F/termostat 7'de 10-15 dakika altın rengi oluncaya kadar pişirin. İsterseniz biraz reçel ile süsleyin.

# *Kahverengi pirinç ve ayçiçeği kurabiyeleri*

12 yap

75 g/3 oz/¾ bardak pişmiş kahverengi pirinç

50 g/2 oz/½ bardak ayçiçeği çekirdeği

25 g/1 oz/¼ bardak susam

40 g/1½ oz/¼ bardak kuru üzüm

40 g/1½ oz/¼ bardak sırlı (şekerlenmiş) kiraz, dörde bölünmüş

25g/1oz/2 yemek kaşığı tatlı esmer şeker

15 ml / 1 yemek kaşığı şeffaf bal

75 g/3 oz/1/3 bardak tereyağı veya margarin

5 ml/1 çay kaşığı limon suyu

Pirinç, tohum ve meyveyi karıştırın. Şekeri, balı, tereyağını veya margarini ve limon suyunu eritip pirinç karışımına karıştırın. 12 kek kalıbına (kek kağıdı) dökün ve önceden ısıtılmış 200°C/400°F/termostat 6 fırında 15 dakika pişirin.

# Kaya kek

12 yap

225 g/8 oz/2 su bardağı sade un (çok amaçlı)

Bir tutam tuz

10 ml / 2 yemek kaşığı kabartma tozu

2 oz/¼ bardak/50 gr tereyağı veya margarin

50 g/2 oz/¼ bardak domuz filetosu (kısa)

2/3 bardak/100g karışık kuruyemiş (meyveli kek karışımı)

100g/4oz/½ bardak demerara şekeri

Yarım limonun rendelenmiş kabuğu

1 yumurta

15-30ml/1-2 yemek kaşığı süt

Unu, tuzu ve kabartma tozunu karıştırın, ardından tereyağı veya margarin ve domuz yağını ekmek kırıntısı görünümü alana kadar karıştırın. Meyveleri, şekeri ve limon kabuğu rendesini karıştırın. Yumurtayı 15 ml/1 yemek kaşığı sütle çırpın, kuru malzemeleri ekleyin ve sert bir macun kıvamına gelene kadar karıştırın, gerekirse daha fazla süt ekleyin. Karışımdan küçük parçalar halinde yağlanmış bir fırın tepsisine yerleştirin ve önceden ısıtılmış 200°C/400°F/termostat 6 fırında 15-20 dakika altın rengi oluncaya kadar pişirin.

# Şekersiz Taş Kurabiye

12 yap

75 g/3 oz/1/3 bardak tereyağı veya margarin

175 g/6 oz/1¼ bardak tam buğday unu (tam buğday)

50 g/2 oz/½ bardak yulaf unu

10 ml / 2 yemek kaşığı kabartma tozu

5 ml/1 çay kaşığı öğütülmüş tarçın

100 g/4 oz/2/3 bardak kuru üzüm (altın kuru üzüm)

1 limonun kabuğu rendesi

1 yumurta, hafifçe çırpılmış

90ml/6 yemek kaşığı süt

Tereyağı veya margarini un, kabartma tozu ve tarçınla, karışım ekmek kırıntısı görünümüne gelinceye kadar ovalayın. Kuru üzüm ve limon kabuğu rendesini karıştırın. Pürüzsüz bir karışım elde etmek için yumurtayı ve yeterli sütü ekleyin. Yağlanmış bir tavaya kaşık dolusu damlatın ve önceden ısıtılmış 200°C/400°F/termostat 6 fırında 15-20 dakika altın rengi oluncaya kadar pişirin.

# *Safranlı kurabiye*

12 yap

Bir tutam öğütülmüş safran

75ml/5 yemek kaşığı kaynar su

75ml/5 yemek kaşığı soğuk su

100g/4oz/½ bardak tereyağı veya margarin, yumuşatılmış

225g/8oz/1 su bardağı pudra şekeri (süper ince).

2 yumurta, hafifçe dövülmüş

225 g/8 oz/2 su bardağı sade un (çok amaçlı)

10 ml / 2 yemek kaşığı kabartma tozu

2,5 ml/½ çay kaşığı tuz

175 g/6 oz/1 bardak kuru üzüm (altın kuru üzüm)

175 g/6 oz/1 bardak doğranmış karışık kabuklu (şekerlenmiş)

Safranı kaynar suda 30 dakika bekletin, ardından soğuk su ekleyin.
Tereyağı veya margarini ve şekeri hafif ve kabarıncaya kadar
çırpın, ardından yumurtaları yavaş yavaş ekleyerek karıştırın. Unu
kabartma tozu ve tuzla karıştırın, ardından 50 g/2 oz/½ bardak
un karışımını kuru üzüm ve karışık lezzetle karıştırın. Unu, safranlı
su ile dönüşümlü olarak kremalı karışıma ekleyin ve meyveleri
ekleyin. Muffin kalıplarına (kağıt) veya yağlanmış ve unlanmış
muffin kalıplarına dökün ve önceden ısıtılmış
190°C/375°F/termostat 5 fırında yumuşayana kadar yaklaşık 15
dakika pişirin.

# *rom baba*

8 yap

100 g/4 oz/1 bardak güçlü un (ekmek)

5 ml/1 çay kaşığı kuru maya hafifçe karıştırılmış

Bir tutam tuz

45ml/3 yemek kaşığı ılık süt

2 yumurta, hafifçe dövülmüş

2 oz/¼ bardak/50 g tereyağı veya margarin, eritilmiş

25 g / 1 oz / 3 yemek kaşığı kuş üzümü

Şurup için:

250 ml/8 oz/1 bardak su

75 g/3 oz/1/3 su bardağı toz şeker

20 ml/4 çay kaşığı limon suyu

60ml/4 yemek kaşığı rom

Dondurma ve süsleme için:

60 ml/4 yemek kaşığı kayısı reçeli (konserve), elenmiş (filtrelenmiş)

15 ml/1 yemek kaşığı su

¼ bardak/2/3 bardak/150 ml krem şanti veya çift krema (ağır)

4 sırlı (şekerlenmiş) kiraz, ikiye bölünmüş

Üçgen şeklinde kesilmiş birkaç dilim melekotu

Un, kabartma tozu ve tuzu bir kapta karıştırıp ortasını havuz şeklinde açın. Süt, yumurta ve tereyağı veya margarini karıştırın, ardından unu pürüzsüz hale gelinceye kadar çırpın. Kuş üzümü karıştırın. Hamuru, kalıpların yalnızca üçte biri yükselecek şekilde yağlanmış ve unlanmış sekiz ayrı yuvarlak kalıba (tüp kalıpları) dökün. Yağlanmış streç filmle (plastik ambalaj) örtün ve hamur kalıpların yüzeyine çıkana kadar 30 dakika ılık bir yerde bırakın.

Önceden ısıtılmış fırında 200°C/400°F/termostat 6'da 15 dakika altın rengi oluncaya kadar pişirin. Tavaları ters çevirin ve 10 dakika soğumaya bırakın, ardından kekleri kalıptan çıkarın ve geniş, sığ bir tabağa yerleştirin. Hepsini çatalla delin.

Şurubu hazırlamak için su, şeker ve limon suyunu kısık ateşte ısıtın ve şeker eriyene kadar karıştırın. Isıyı artırın ve kaynatın. Ateşten alıp romu ekleyip karıştırın. Sıcak şurubu kurabiyelerin üzerine dökün ve 40 dakika bekletin.

Jöle ve suyu iyice karışana kadar kısık ateşte ısıtın. Slimeları fırçalayıp servis tabağına dizin. Kremayı çırpın ve her kurabiyenin ortasına sıkın. Kiraz ve angelica ile süsleyin.

# *Sünger top kurabiyeleri*

24 yap

5 yumurta sarısı

75g/3oz/1/3 su bardağı pudra şekeri (süper ince).

7 yumurta akı

75 g/3 oz/¾ bardak mısır unu (mısır nişastası)

50 g/2 oz/½ bardak sade un (çok amaçlı)

Yumurta sarılarını 15ml/1 yemek kaşığı şekerle rengi açılıp koyulaşana kadar çırpın. Yumurta aklarını sertleşene kadar çırpın ve ardından kalan şekeri ekleyip kalın ve parlak hale gelinceye kadar çırpın. Mısır ununu metal bir kaşıkla karıştırın. Yumurta sarılarının yarısını metal bir kaşık kullanarak yumurta aklarına katlayın, ardından kalan sarıları da ekleyin. Unu çok dikkatli bir şekilde karıştırın. Karışımı, standart 2,5 cm'lik ağızlık (uç) takılı bir sıkma torbasına aktarın ve yağlanmış ve astarlanmış bir tavaya (kek) iyi aralıklı, yuvarlak köfteler halinde sıkın. Önceden ısıtılmış fırında 200°C/400°F/termostat 6'da 5 dakika pişirin,

# Çikolatalı Şekerli Kurabiye

12 yap

5 yumurta sarısı

75g/3oz/1/3 su bardağı pudra şekeri (süper ince).

7 yumurta akı

75 g/3 oz/¾ bardak mısır unu (mısır nişastası)

50 g/2 oz/½ bardak sade un (çok amaçlı)

60 ml/4 yemek kaşığı kayısı reçeli (konserve), elenmiş (filtrelenmiş)

30 ml/2 yemek kaşığı su

1 miktar pişmiş çikolatalı krema

150 ml/¼ pt/2/3 bardak krem şanti

Yumurta sarılarını 15ml/1 yemek kaşığı şekerle rengi açılıp koyulaşana kadar çırpın. Yumurta aklarını sertleşene kadar çırpın ve ardından kalan şekeri ekleyip kalın ve parlak hale gelinceye kadar çırpın. Mısır ununu metal bir kaşıkla karıştırın. Yumurta sarılarının yarısını metal bir kaşık kullanarak yumurta aklarına katlayın, ardından kalan sarıları da ekleyin. Unu çok dikkatli bir şekilde karıştırın. Karışımı, standart 2,5 cm'lik ağızlık (uç) takılı bir sıkma torbasına aktarın ve yağlanmış ve astarlanmış bir tavaya (kek) iyi aralıklı, yuvarlak köfteler halinde sıkın. Önceden ısıtılmış fırında 200°C/400°F/termostat 6'da 5 dakika pişirin, ardından fırın sıcaklığını 180°C/350°F/termostat 4'e düşürerek 10 dakika daha pişirin. Bir tel rafa aktarın.

Reçel ve suyu koyulaşana ve iyice karışana kadar kaynatın, ardından keklerin üstünü fırçalayın. Soğumaya bırakın. Mantarları çikolata sosuna batırın ve soğumaya bırakın. Kremayı sertleşene kadar çırpın ve ardından sandviç kurabiyeleri kremayla birleştirin.

# *yaz kartopu*

24 yap

100g/4oz/½ bardak tereyağı veya margarin, yumuşatılmış

100g/4oz/½ bardak pudra şekeri (süper ince).

5 ml/1 çay kaşığı vanilya özü (ekstresi)

2 yumurta, hafifçe dövülmüş

225 g/8 oz/2 bardak kendiliğinden kabaran un (kendiliğinden kabaran)

120ml/½ su bardağı süt

120 ml / 4 fl oz / ½ bardak çift krema (ağır)

25g/1oz/3 yemek kaşığı krema (şekerleme) şekeri, elenmiş

60 ml/4 yemek kaşığı kayısı reçeli (konserve), elenmiş (filtrelenmiş)

30 ml/2 yemek kaşığı su

150g/5oz/1¼ bardak kurutulmuş hindistan cevizi (rendelenmiş)

Tereyağı veya margarini ve şekeri hafif ve kabarık hale gelinceye kadar karıştırın. Yavaş yavaş vanilya özünü ve yumurtaları ekleyin, ardından unu ve sütü dönüşümlü olarak ekleyin. Karışımı yağlanmış muffin kalıplarına dökün ve önceden ısıtılmış 180°C/350°F/termostat 4 fırında iyice kabarıncaya ve dokunulduğunda esnek hale gelinceye kadar 15 dakika pişirin. Soğutmak için bir tel rafa aktarın. Muffinlerin üst kısımlarını kesin.

Kremayı ve pudra şekerini sertleşene kadar çırpın, ardından her muffin üzerine biraz dökün ve kapağını kapatın. Reçeli suyla karışıncaya kadar ısıtın, ardından muffinlerin üstünü boyayın ve bolca hindistan cevizi serpin.

# *Mantar damlaları*

12 yap

3 yumurta, dövülmüş

100g/4oz/½ bardak pudra şekeri (süper ince).

2,5 ml/½ çay kaşığı vanilya özü (ekstresi)

100g/4oz/1 su bardağı sade un (çok amaçlı)

5 ml/1 yemek kaşığı kabartma tozu

100 g/4 oz/1/3 bardak ahududu reçeli (konserve)

¼ pt/2/3 bardak/150 mL duble (ağır) krema, çırpılmış

Üzerine serpmek için elenmiş pudra şekeri

Yumurtaları, pudra şekerini ve vanilya özünü, kaynayan su dolu tencerenin üzerine ısıya dayanıklı bir kaseye koyun ve karışım koyulaşana kadar çırpın. Kaseyi tencereden alıp un ve kabartma tozunu ekleyip karıştırın. Karışımdan küçük kaşıklar halinde yağlanmış bir fırın tepsisine dökün ve önceden ısıtılmış 190°C/375°F/termostat 5 fırında 10 dakika altın rengi oluncaya kadar pişirin. Tel rafa aktarın ve soğumaya bırakın. Damlaların üzerine reçel ve krema dökün ve üzerine pudra şekeri serperek servis yapın.

# Temel beze

6-8 yap

2 yumurta akı

100g/4oz/½ bardak pudra şekeri (süper ince).

Temiz, yağsız bir kapta yumurta aklarını yumuşak tepeler oluşana kadar çırpın. Şekerin yarısını ekleyin ve karışım sert zirveler oluşana kadar çırpmaya devam edin. Kalan şekeri metal bir kaşık kullanarak hafifçe karıştırın. Bir fırın tepsisini parşömen kağıdıyla kaplayın ve kağıdın üzerine 6-8 beze yığını yerleştirin. Bezeleri fırında 2-3 saat mümkün olduğu kadar alçakta kurutun. Tel raf üzerinde soğutun.

# *Badem kreması*

12 yap

2 yumurta akı

100g/4oz/½ pudra şekeri (süper ince).

100g/4oz/1 su bardağı öğütülmüş badem

Birkaç damla badem özü (özü)

Süslemek için 12 yarım badem

Yumurta aklarını kuvvetlice çırpın. Şekerin yarısını ekleyin ve karışım sert zirveler oluşana kadar çırpmaya devam edin. Geri kalan şekeri, öğütülmüş bademleri ve bademlerin özünü ekleyin. Karışımı yağlanmış ve unlanmış bir fırın tepsisine 12 daircye bölün ve her birine yarım badem koyun. Önceden ısıtılmış fırında 130°C/250°F/termostat ½'de çıtır çıtır olana kadar 2-3 saat pişirin.

# *Beze ve bademli İspanyol kurabiyeleri*

16 yap

225g/8oz/1 su bardağı pudra şekeri

225g/8oz/2 su bardağı öğütülmüş badem

1 yumurta beyazı

100g/4oz/1 bardak bütün badem

Şekeri, öğütülmüş bademleri ve yumurta aklarını pürüzsüz bir macun haline gelinceye kadar çırpın. Bir top oluşturun ve hamuru oklava ile düzleştirin. Küçük dilimler halinde kesin ve yağlanmış bir tavaya koyun. Her bisküvinin (kek) ortasına bir bütün badem bastırın. Önceden ısıtılmış fırında 160°C/325°F/termostat 3'te 15 dakika pişirin.

# *Tatlı beze sepetleri*

6 yap

4 yumurta akı

8–9 oz/225–250 g/11/3–1½ bardak pudra şekeri (şekerleme), elenmiş

Birkaç damla vanilya özü (özü)

Temiz, yağsız, ısıya dayanıklı bir kapta yumurta aklarını kabarıncaya kadar çırpın, ardından yavaş yavaş pudra şekerini ve ardından vanilya özünü ekleyerek çırpın. Kaseyi hafifçe kaynayan su dolu bir tavanın üzerine yerleştirin ve beze şeklini koruyup, çırpma teli kaldırıldığında kalın bir iz bırakıncaya kadar çırpın. Bir fırın tepsisini (kek) pişirme kağıdıyla kaplayın ve kağıdın üzerine altı adet 7,5 cm/3 daire çizin. Beze karışımının yarısını kullanarak, her dairenin içine bir kat beze sıkın. Geri kalanını sıkma torbasına koyun ve her tabanın kenarına iki kat beze yerleştirin. Önceden ısıtılmış fırında 150°C/300°F/termostat 2'de yaklaşık 45 dakika kurutun.

# *Badem cipsi*

10 yap

2 yumurta akı

100g/4oz/½ bardak pudra şekeri (süper ince).

75 g/3 oz/¾ bardak öğütülmüş badem

25g/1oz/2 yemek kaşığı tereyağı veya margarin, yumuşatılmış

1/3 bardak/2 oz/50 gr pudra şekeri (şekerleme), elenmiş

10 ml/2 çay kaşığı kakao tozu (şekersiz çikolata).

50 g/2 oz/½ bardak sade (yarı tatlı) çikolata, eritilmiş

Yumurta aklarını sert zirveler oluşuncaya kadar çırpın. Toz şekeri yavaş yavaş ekleyin. Öğütülmüş bademleri karıştırın. ½"/1 cm'lik bir ağızlık (uç) kullanarak, karışımı hafifçe yağlanmış bir fırın tepsisine 2"/5 cm uzunluklarda yayın. Önceden ısıtılmış fırında 140°C/275°F/termostat 1'de 1 ila 1 saat 30 arası pişirin. Soğumaya bırakın.

Tereyağı veya margarini, pudra şekerini ve kakaoyu karıştırın. Birkaç kurabiyeyi (bisküvi) dolguyla sandviçleyin. Çikolatayı, hafifçe kaynayan su dolu bir tencerenin üzerinde ısıya dayanıklı bir kapta eritin. Bezelerin uçlarını çikolataya batırıp tel ızgara üzerinde soğumaya bırakın.

# İspanyol bademli ve limonlu beze

30 yap

150g/5oz/1¼ bardak beyazlatılmış badem

2 yumurta akı

Yarım limonun rendelenmiş kabuğu

200g/7oz/lite 1 bardak pudra şekeri (süper ince).

10 ml/2 çay kaşığı limon suyu

Bademleri önceden 150°C/300°F/termostat 2'ye ısıtılmış fırında altın rengi ve aromatik hale gelinceye kadar yaklaşık 30 dakika kızartın. Cevizlerin üçte birini iri iri doğrayın, geri kalanını ince ince öğütün.

Yumurta aklarını kuvvetlice çırpın. Limon kabuğu rendesini ve şekerin üçte ikisini karıştırın. Limon suyunu ekleyin ve sert ve parlak olana kadar çırpın. Geri kalan şekeri ve öğütülmüş bademleri ekleyin. Kıyılmış bademleri karıştırın. Beze kaplarını yağlanmış, folyo kaplı bir fırın tepsisine yerleştirin ve önceden ısıtılmış fırına yerleştirin. Fırın sıcaklığını hemen 110°C/225°F/termostat ¼'e düşürün ve kuruyana kadar yaklaşık 1 saat 30 dakika pişirin.

# Çikolata kaplı beze

4 yap

2 yumurta akı

100g/4oz/½ bardak pudra şekeri (süper ince).

100 g/4 oz/1 bardak sade çikolata (yarı tatlı)

¼ pt/2/3 bardak/150 mL duble (ağır) krema, çırpılmış

Temiz, yağsız bir kapta yumurta aklarını yumuşak tepeler oluşana kadar çırpın. Şekerin yarısını ekleyin ve karışım sert zirveler oluşana kadar çırpmaya devam edin. Kalan şekeri metal bir kaşık kullanarak hafifçe karıştırın. Bir fırın tepsisini (kek) pişirme kağıdıyla kaplayın ve kağıdın üzerine sekiz yığın beze yerleştirin. Bezeleri fırında 2-3 saat mümkün olduğu kadar alçakta kurutun. Tel raf üzerinde soğutun.

Çikolatayı, hafifçe kaynayan su dolu bir tencerenin üzerinde ısıya dayanıklı bir kapta eritin. Biraz soğumaya bırakın. Bezelerin dördünü dışını kaplamak için yavaşça çikolataya batırın. Ayarlanana kadar parşömen kağıdı (mumlu) üzerinde bırakın. Bir adet çikolata kaplı beze ve bir adet sade beze kremayla sürün, ardından kalan bezelerle aynı işlemi tekrarlayın.

# Çikolata ve nane kreması

18 yap

3 yumurta akı

100g/4oz/½ bardak pudra şekeri (süper ince).

75g/3oz/¾ bardak doğranmış çikolata kaplı nane

Yumurta aklarını kuvvetlice çırpın. Yumurta akları sert ve parlak hale gelinceye kadar şekeri yavaş yavaş ekleyin. Kıyılmış nane geri döndü. Karışımdan küçük kaşıklar halinde yağlanmış ve astarlı bir fırın tepsisine dökün ve önceden ısıtılmış 140°C/275°F/termostat 1 fırında kuruyana kadar 1½ saat pişirin.

# Çikolata parçacıkları ve cevizli krema

12 yap

2 yumurta akı

175g/6oz/¾ bardak pudra şekeri (süper ince).

50g/2oz/½ bardak çikolata parçacıkları

1 oz/¼ bardak ceviz, ince doğranmış

Fırını önceden 190°C/375°F/termostat'a ısıtın 5. Yumurta aklarını yumuşak tepeler oluşana kadar çırpın. Yavaş yavaş şekeri ekleyin ve karışım sert zirveler oluşana kadar çırpın. Çikolata parçalarını ve fındıkları karıştırın. Karışımdan birer kaşık alıp yağlı kağıt üzerine dökün ve fırına verin. Fırını kapatıp soğumaya bırakın.

# *Fındık kreması*

12 yap

100g/4oz/1 bardak fındık

2 yumurta akı

100g/4oz/½ bardak pudra şekeri (süper ince).

Birkaç damla vanilya özü (özü)

12 adet cevizi süslemek için ayırın ve geri kalanını ezin. Yumurta aklarını kuvvetlice çırpın. Şekerin yarısını ekleyin ve karışım sert zirveler oluşana kadar çırpmaya devam edin. Geri kalan şekeri, fındık tozunu ve vanilya özünü ekleyin. Karışımı yağlanmış ve unlanmış bir fırın tepsisine (kek) 12 daireye bölün ve her birine ayrılmış bir ceviz koyun. Önceden ısıtılmış fırında 130°C/250°F/termostat ½'de çıtır çıtır olana kadar 2-3 saat pişirin.

# *Cevizli Beze Katmanlı Kek*

9"/23 cm'lik bir pasta pişirin

## Kek için:

2 oz/¼ bardak/50 g tereyağı veya margarin, yumuşatılmış

150g/5oz/2/3 bardak pudra şekeri (süper ince).

4 yumurta, ayrılmış

100g/4oz/1 su bardağı sade un (çok amaçlı)

10 ml / 2 yemek kaşığı kabartma tozu

Bir tutam tuz

60ml/4 yemek kaşığı süt

5 ml/1 çay kaşığı vanilya özü (ekstresi)

2 oz/½ bardak/50 gr ceviz, ince doğranmış

## Pasta kreması için:

250 ml/8 oz/1 bardak süt

50g/2oz/¼ bardak pudra şekeri (süper ince).

50 g/2 oz/½ bardak sade un (çok amaçlı)

1 yumurta

Bir tutam tuz

120 ml / 4 fl oz / ½ bardak çift krema (ağır)

Pastayı yapmak için tereyağı veya margarini ½ bardak/100 g şekerle hafif ve kabarık olana kadar çırpın. Yumurta sarılarını azar azar ekleyin, ardından un, kabartma tozu ve tuzu, süt ve vanilya esansı ile dönüşümlü olarak ekleyin. Çapı 23 cm olan iki adet yağlanmış ve astarlanmış kalıba (kalıplara) dökün ve yüzeyini düzeltin. Yumurta aklarını sertleşene kadar çırpın, ardından kalan şekeri ekleyip sertleşip parlaklaşana kadar tekrar çırpın. Kek karışımını üzerine yayıp üzerine ceviz serpin. Beze kuruyana kadar önceden ısıtılmış fırında 150°C/300°F/termostat 3'te 45 dakika pişirin. Soğutmak için bir tel rafa aktarın.

Pastacı kremasını hazırlamak için sütün bir kısmını şeker ve unla karıştırın. Sütün geri kalanını bir tencerede kaynatın, şekerli karışımı üzerine dökün ve birleşene kadar çırpın. Sütü tekrar yıkanmış tavaya dökün ve sürekli karıştırarak kaynatın, ardından koyulaşana kadar karıştırarak pişirin. Ocaktan alıp yumurta ve tuzu karıştırıp biraz soğumaya bırakın. Kremayı sertleşinceye kadar çırpın ve ardından karışıma ekleyin. Soğumaya bırakın. Kekleri pastacı kremasıyla boyayın.

# Fındıklı makarna dilimleri

20 yap

175 g/6 oz/1½ bardak fındık, kabuklu

3 yumurta akı

225g/8oz/1 su bardağı pudra şekeri (süper ince).

5 ml/1 çay kaşığı vanilya özü (ekstresi)

5 ml/1 çay kaşığı öğütülmüş tarçın

5 ml/1 yemek kaşığı rendelenmiş limon kabuğu rendesi

pirinç kağıdı

Fındıkların 12 tanesini irice doğrayın, geri kalanını ince bir şekilde öğütülene kadar karıştırın. Yumurta aklarını hafif ve kabarık bir şekilde çırpın. Yavaş yavaş şekeri ekleyin ve karışım sert tepe noktaları oluşana kadar çırpmaya devam edin. Fındıkları, vanilya özünü, tarçını ve limon kabuğu rendesini ekleyin. Pirinç kağıdı (kek) ile kaplı bir fırın tepsisine çay kaşığı yığını yerleştirin ve ince şeritler halinde düzleştirin. 1 saat kadar bekletin. Önceden ısıtılmış fırında 180°C/350°F/termostat 4'te 12 dakika, dokunulabilecek kadar sertleşene kadar pişirin.

# *Beze ve ceviz tabakası*

10 inç/25 cm'lik bir kek kalıbı pişirin

100g/4oz/½ bardak tereyağı veya margarin, yumuşatılmış

400g/14oz/1¾ bardak pudra şekeri (süper ince).

3 yumurta sarısı

100g/4oz/1 su bardağı sade un (çok amaçlı)

10 ml / 2 yemek kaşığı kabartma tozu

120ml/½ su bardağı süt

100 gr/4 oz/1 bardak ceviz

4 yumurta akı

8 fl oz / 1 su bardağı çift krema (ağır)

5 ml/1 çay kaşığı vanilya özü (ekstresi)

Serpmek için kakao tozu (şekersiz çikolata)

Tereyağı veya margarini ve 75 gr şekeri hafif ve kabarık olana kadar çırpın. Yumurta sarısını azar azar ekleyip un ve mayayı sütle dönüşümlü olarak ekliyoruz. Hamuru yağlanmış ve unlanmış 25 cm/10'luk iki kalıba bölün. Cevizin bir kaç yarısını dekorasyon için ayırın, geri kalanını ince ince doğrayın ve kurabiyelerin üzerine serpin. Yumurta aklarını sertleşene kadar çırpın, ardından kalan şekeri ekleyin ve kalın ve parlak olana kadar tekrar çırpın. Keklerin üzerine yayın ve önceden ısıtılmış fırında 180°C/350°F/termostat 4'te 25 dakika pişirin, beze çok fazla kızarmaya başlarsa pişirmenin sonuna doğru pastayı parşömen (mumlu) kağıtla kaplayın. Kalıplarda soğumaya bırakın,

Kremayı ve vanilya özütünü sertleşene kadar karıştırın. Kremanın yarısını kremalı tarafı yukarı bakacak şekilde keklerin üzerine sürün ve geri kalanını üstüne yayın. Ayırdığınız cevizlerle süsleyin ve üzerine elenmiş kakao serpin.

# *beze dağları*

6 yap

2 yumurta akı

100g/4oz/½ bardak pudra şekeri (süper ince).

¼ pt/2/3 bardak/150 mL çift krema (ağır).

12 oz/350 gr dilimlenmiş çilek

25 g/1 oz/¼ fincan sade (yarı tatlı) çikolata, rendelenmiş

Yumurta aklarını kuvvetlice çırpın. Şekerin yarısını ekleyin ve kalın ve parlak olana kadar çırpın. Kalan şekeri karıştırın. Bir tavada pişirme kağıdının üzerine altı daire şeklinde beze yayın. Önceden ısıtılmış fırında 140°C/275°F/termostat 1'de 45 dakika, hafif altın rengi ve çıtır olana kadar pişirin. İç kısım oldukça yumuşak kalacaktır. Tavadan çıkarın ve tel raf üzerinde soğumaya bırakın.

Kremayı sertleşinceye kadar çırpın. Kremanın yarısını beze halkalarının üzerine sıkın veya dökün, meyvelerle süsleyin ve ardından kremanın geri kalanıyla süsleyin. Üzerine rendelenmiş çikolata serpin.

# *Ahududu kremalı beze*

6 kişi için

2 yumurta akı

100g/4oz/½ bardak pudra şekeri (süper ince).

¼ pt/2/3 bardak/150 mL çift krema (ağır).

30ml/2 yemek kaşığı pudra şekeri (şekerlemeler).

225g/8oz ahududu

Temiz, yağsız bir kapta yumurta aklarını yumuşak tepeler oluşana kadar çırpın. Şekerin yarısını ekleyin ve karışım sert zirveler oluşana kadar çırpmaya devam edin. Kalan şekeri metal bir kaşık kullanarak hafifçe karıştırın. Fırın tepsisini parşömen kağıdıyla kaplayın ve üzerine küçük beze kıvrımları yayın. Bezeleri fırında 2 saat boyunca mümkün olduğu kadar düşük sıcaklıkta kurutun. Tel raf üzerinde soğutun.

Kremayı pudra şekeri ile sertleşene kadar çırpın, ardından ahududuları ekleyip karıştırın. Beze çiftlerini istiflemek ve servis tabağına yerleştirmek için kullanın.

# *Ratafia kurabiyeleri*

16 yap

3 yumurta akı

100g/4oz/1 su bardağı öğütülmüş badem

225g/8oz/1 su bardağı pudra şekeri (süper ince).

Yumurta aklarını kuvvetlice çırpın. Bademleri ve şekerin yarısını ekleyin ve sertleşinceye kadar tekrar çırpın. Kalan şekeri karıştırın. Küçük yuvarlakları yağlanmış ve astarlanmış bir fırın tepsisine yerleştirin ve önceden ısıtılmış fırında 150°C/300°F/termostat 2'de kenarları kuruyup gevrekleşene kadar 50 dakika pişirin.

# *Vacherin Karamel*

9"/23 cm'lik bir pasta pişirin

4 yumurta akı

225g/8oz/1 su bardağı tatlı esmer şeker

50 g/2 oz/½ bardak kıyılmış fındık

½ pt/1¼ bardak/300 ml çift krema (kalın)

Süslemek için birkaç bütün fındık

Yumurta aklarını yumuşak zirveler oluşana kadar çırpın. Sert ve parlak olana kadar yavaş yavaş şekeri çırpın. Bezeyi standart 1 cm'lik uç (uç) takılmış bir sıkma torbasına sıkın ve iki adet 23 cm'lik beze spiralini yağlanmış ve astarlanmış bir tavaya (kek) yayın. Üzerine 15ml/1 yemek kaşığı kıyılmış ceviz serpin ve önceden ısıtılmış 120°C/250°F/termostat ½ fırında çıtır çıtır olana kadar 2 saat pişirin. Soğutmak için bir tel rafa aktarın.

Kremayı sertleşinceye kadar çırpın, ardından kalan fındıkları ekleyin. Beze tabanlarını oluşturmak için kremanın çoğunu kullanın, ardından kremanın geri kalanıyla süsleyin ve bütün fındıklarla süsleyin.

# *Basit çörekler*

10 yap

225 g/8 oz/2 su bardağı sade un (çok amaçlı)

Bir tutam tuz

2,5 ml/½ çay kaşığı kabartma tozu (kabartma tozu)

5 ml/1 yemek kaşığı tartar kreması

2 oz/50 g/¼ fincan tereyağı veya margarin, doğranmış

30ml/2 yemek kaşığı süt

30 ml/2 yemek kaşığı su

Unu, tuzu, kabartma tozunu ve tartar kremasını karıştırın.
Tereyağı veya margarinle ovalayın. Pürüzsüz bir hamur oluşana
kadar yavaş yavaş süt ve suyu ekleyin. Unlu bir çalışma yüzeyinde
pürüzsüz hale gelinceye kadar hızla yoğurun, ardından 1½ cm
kalınlığa kadar açın ve kurabiye kalıbıyla 5 cm/2 dilimler halinde
kesin. Çörekleri (bisküvileri) yağlanmış bir fırın tepsisine
yerleştirin ve önceden 230°C/450°F/termostat 8'e ısıtılmış fırında
iyice kabarıp altın rengi oluncaya kadar yaklaşık 10 dakika pişirin.

# Zengin yumurtalı çörekler

12 yap

2 oz/¼ bardak/50 gr tereyağı veya margarin

225 g/8 oz/2 bardak kendiliğinden kabaran un (kendiliğinden kabaran)

10 ml / 2 yemek kaşığı kabartma tozu

25g/1oz/2 yemek kaşığı pudra şekeri (süper ince).

1 yumurta, hafifçe çırpılmış

100ml/3½ fl oz/6½ yemek kaşığı süt

Un ve kabartma tozuna tereyağı veya margarini sürün. Şekeri karıştırın. Yumurta ve sütü pürüzsüz bir hamur oluşana kadar karıştırın. Unlu bir çalışma yüzeyinde hafifçe yoğurun, ardından yaklaşık ½/1 cm kalınlığında açın ve kurabiye kalıbıyla 2/5 cm'lik daireler halinde kesin. Doldurmayı yuvarlayın ve kesin. Çörekleri (bisküvileri) yağlanmış bir fırın tepsisine yerleştirin ve önceden ısıtılmış 230°C/450°F/termostat 8 fırında 10 dakika veya altın rengi oluncaya kadar pişirin.

# *elmalı çörekler*

12 yap

225 g/8 oz/2 su bardağı tam buğday unu (tam buğday).

20ml/1½ yemek kaşığı kabartma tozu

Bir tutam tuz

2 oz/¼ bardak/50 gr tereyağı veya margarin

30ml/2 yemek kaşığı rendelenmiş pişmiş elma

1 yumurta, dövülmüş

150 ml/¼ pt/2/3 su bardağı süt

Unu, kabartma tozunu ve tuzu birleştirin. Tereyağı veya margarini ovalayın ve ardından elmayı karıştırın. Pürüzsüz bir hamur elde etmek için yumurtayı ve yeterli sütü yavaş yavaş karıştırın. Hafifçe unlanmış bir yüzeyde yaklaşık 5 cm/2 kalınlığında açın ve kurabiye kalıbıyla yuvarlaklar halinde kesin. Çörekleri (bisküvileri) yağlanmış bir fırın tepsisine yerleştirin ve kalan yumurtayı üzerine sürün. Önceden ısıtılmış fırında 200°C/400°F/termostat 6'da 12 dakika, hafif altın rengi oluncaya kadar pişirin.

# elma ve hindistan cevizi çörekler

12 yap

2 oz/¼ bardak/50 gr tereyağı veya margarin

225 g/8 oz/2 bardak kendiliğinden kabaran un (kendiliğinden kabaran)

25g/1oz/2 yemek kaşığı pudra şekeri (süper ince).

30ml/2 yemek kaşığı kurutulmuş hindistan cevizi (rendelenmiş)

1 elma (tatlı), soyulmuş, çekirdeği çıkarılmış ve parçalara bölünmüş

¼ pt/2/3 bardak/150 ml sade yoğurt

30ml/2 yemek kaşığı süt

Unun içine tereyağı veya margarini sürün. Şekeri, hindistan cevizini ve elmayı ekleyin, ardından yoğurdu pürüzsüz bir macun haline gelinceye kadar karıştırın, gerekirse biraz süt ekleyin. Hafifçe unlanmış tezgahta yaklaşık 1/2 cm kalınlığında açın ve kurabiye kalıbıyla yuvarlaklar halinde kesin. Çörekleri (bisküvileri) yağlanmış bir fırın tepsisine yerleştirin ve önceden 220°C/425°F/termostat 7'ye ısıtılmış fırında iyice kabarıp altın rengi oluncaya kadar 10-15 dakika pişirin.

# *Elma ve hurma çörekler*

12 yap

2 oz/¼ bardak/50 gr tereyağı veya margarin

225 g/8 oz/2 su bardağı sade un (çok amaçlı)

5 ml/1 çay kaşığı karışık baharatlar (elmalı turta)

5 ml/1 yemek kaşığı tartar kreması

2,5 ml/½ çay kaşığı kabartma tozu (kabartma tozu)

25g/1oz/2 yemek kaşığı tatlı esmer şeker

1 küçük (turta) elma, pişmiş, soyulmuş, çekirdeği çıkarılmış ve parçalara ayrılmış

2 oz / 1/3 bardak hurma (çekirdekleri çıkarılmış), doğranmış

45ml/3 yemek kaşığı süt

Tereyağını veya margarini un, baharat karışımı, tartar kreması ve kabartma tozuna sürün. Şekeri, elmayı ve hurmaları karıştırın, ardından sütü ekleyin ve pürüzsüz bir hamur elde edinceye kadar karıştırın. Hafifçe yoğurun, unlanmış zeminde 2,5 cm/1 kalınlığında açın ve kurabiye kalıbıyla ince tabakalar halinde kesin. Çörekleri (bisküvileri) yağlanmış bir fırın tepsisine yerleştirin ve önceden ısıtılmış 220°C/425°F/termostat 7 fırında 12 dakika altın rengi oluncaya kadar pişirin.

# *Arpa çörekler*

12 yap

175g/6oz/1½ bardak arpa unu

50 g/2 oz/½ bardak sade un (çok amaçlı)

Bir tutam tuz

2,5 ml/½ çay kaşığı kabartma tozu (kabartma tozu)

2,5 ml/½ çay kaşığı tartar kreması

25 g/1 oz/2 yemek kaşığı tereyağı veya margarin

25g/1oz/2 yemek kaşığı tatlı esmer şeker

100ml/3½ fl oz/6½ yemek kaşığı süt

Krema için yumurta sarısı

Unu, tuzu, kabartma tozunu ve tartar kremasını karıştırın. Karışım ekmek kırıntısı görünümü alana kadar tereyağı veya margarini ovalayın, ardından şekeri ve yeterli miktarda sütü ekleyerek pürüzsüz bir hamur elde edene kadar karıştırın. Hafifçe unlanmış tezgahta ¾/2 cm kalınlığında açın ve kurabiye kalıbıyla yuvarlaklar halinde kesin. Çörekleri (bisküvileri) yağlanmış bir fırın tepsisine (kek) yerleştirin ve üzerine yumurta sarısı sürün. Önceden ısıtılmış fırında 220°C/425°F/termostat 7'de 10 dakika altın rengi oluncaya kadar pişirin.

# *Hurmalı Çörekler*

12 yap

225 g/8 oz/2 su bardağı tam buğday unu (tam buğday).

2,5 ml/½ çay kaşığı kabartma tozu (kabartma tozu)

2,5 ml/½ çay kaşığı tartar kreması

2,5 ml/½ çay kaşığı tuz

40 g/1½ oz/3 yemek kaşığı tereyağı veya margarin

15 ml/1 yemek kaşığı pudra şekeri (süper ince).

2/3 bardak / 4 oz / 100 gr çekirdekleri çıkarılmış hurma, doğranmış

Yaklaşık 100ml/3½ fl oz/6½ yemek kaşığı tereyağı

Unu, kabartma tozunu, tartar kremasını ve tuzu karıştırın. Tereyağı veya margarini ovalayın, ardından şekeri ve hurmaları karıştırıp ortasını havuz şeklinde açın. Pürüzsüz bir hamur elde etmek için yeterli miktarda ayranı yavaş yavaş karıştırın. Kalın bir tabaka halinde yayın ve üçgenler halinde kesin. Çörekleri (bisküvileri) yağlanmış bir fırın tepsisine yerleştirin ve önceden ısıtılmış 230°C/450°F/termostat 8 fırında 20 dakika altın rengi oluncaya kadar pişirin.

# *Bitki çörekleri*

8 yap

175 g/6 oz/¾ fincan tereyağı veya margarin

225 g/8 oz/2 su bardağı çok amaçlı un (ekmek)

15 ml / 1 yemek kaşığı kabartma tozu

Bir tutam tuz

5ml/1 çay kaşığı esmer şeker

30ml/2 yemek kaşığı karışık kurutulmuş otlar

60ml/4 yemek kaşığı süt veya su

Sütü kurutun

Tereyağı veya margarini un, kabartma tozu ve tuzla, karışım ekmek kırıntısı görünümüne gelinceye kadar ovalayın. Şekeri ve otları karıştırın. Yumuşak bir hamur elde etmek için yeterli miktarda süt veya su ekleyin. Hafifçe unlanmış tezgahta yaklaşık ¾/2 cm kalınlığında açın ve kurabiye kalıbıyla yuvarlaklar halinde kesin. Çörekleri (bisküvileri) yağlanmış bir fırın tepsisine yerleştirin ve üzerine süt sürün. Önceden ısıtılmış fırında 200°C/400°F/termostat 6'da iyice kabarıp altın rengi oluncaya kadar 10 dakika pişirin.

www.ingramcontent.com/pod-product-compliance
Lightning Source LLC
Chambersburg PA
CBHW071608030726
47593CB00001BA/363